A sus hijos Isabel y Ángel

Cuarta edición, enero de 2021

info@westindies.eu

Corrección y maquetación: Colectivo Fut i makak
Ilustración de portada: Ignacio Bazán Lazcano

ISBN: 978-9949-8183-8-9
Impreso en España – Printed in Spain

HASTA NOVGOROD

CRÓNICA DE UN VIAJE

Teodoro Recuero

West Indies
Publishing Company

La infancia conoce el alma humana.
Edgar Allan Poe

INFANCIA Y VAIVÉN
Año de 1914

Según consta en el registro civil de mi pueblo, tuvo lugar mi nacimiento el día 2 de septiembre de 1914 a las cinco de la mañana. Creo que si yo hubiera sabido lo que me esperaba, no habría madrugado tanto. Pocas horas antes acababa de empezar la que se llamaría la Primera Guerra Mundial. No debió de ser buen presagio venir al mundo en esos momentos, y más en una familia sumamente pobre como era la mía, pero Dios lo quiso así y bienvenido fui entre los míos. Tampoco mis padres debieron de imaginar que ese su primer hijo recién nacido, que les había llenado de felicidad a los dos, se vería años más tarde envuelto como protagonista en una guerra civil de todos los españoles, y después en una segunda guerra mundial, combatiendo en Rusia a miles de kilómetros de distancia de donde había nacido.

Muy pronto empezó a cambiar el rumbo de mi existencia. A mis ocho años murió mi madre, que jamás hubiera podido pensar, el día de mi nacimiento, que yo habría de pasar tanto como he pasado a lo largo de mi vida. Fue un duro golpe a pesar de que aún era demasiado joven para valorar tan irreparable pérdida. Antes que ella murieron mis dos hermanos, ambos más jóvenes que yo: Bernardino, de ocho meses, y Rita, de cinco meses. No les recuerdo; cuando murió el primero yo solo tenía tres años y, cuando la niña, cinco, por lo que no es de extrañar que no les recuerde como me ha ocurrido con otras muchas cosas de mi infancia al no haber habido nadie para contármelas a lo largo de mi vida.

Cuando escribo esta historia de mi vida después de haber recopilado infinidad de datos, muchísimos para mí desconocidos, en especial los de mi niñez e infancia, me pregunto: ¿Soy un ser afortunado? Mi respuesta es que sí. No todas las personas pueden vanagloriarse de llegar a tan longeva edad después de tantas vicisitudes pasadas a lo largo de mi tortuoso camino.

Mis padres eran tan pobres que mi madre, a pesar de ser una mujer pequeñita no muy sobrada de carnes, al mismo tiempo que me criaba a mí tuvo que dar el pecho a otra niña, hija de unos ricos del pueblo, para aliviar nuestra situación económica. Por lo tanto yo no andaría muy sobrado en mi lactancia. Esos fueron mis principios. Es posible que eso no me afectara, o que la Divina Providencia ya estuviera protegiéndome, como ha demostrado estar haciendo a lo largo de toda mi vida. Tampoco me afectaron las enfermedades de las que murieron mis padres; ambos empezaron con anemias que degeneraron en afecciones incurables en aquellos tiempos. No he llegado nunca a saber de qué murieron mis hermanos.

Después de esto, de mi desgraciada infancia y adolescencia, de tantos sufrimientos en dos guerras consecutivas cuya duración fue de cuatro años combatiendo en infinidad de frentes, ¿no me debo de considerar un ser afortunado? Yo creo que sí y debo dar gracias a Dios por estar vivo como estoy, a pesar de esta larga enfermedad reumática que estoy padeciendo desde hace muchos años; mis manos no me valen y casi lo mismo mis pies, pero soy feliz.

Quisiera hacer un paréntesis para hablar de mi padre. Era un jornalero del campo y su trabajo casi siempre lo realizó en las distintas faenas de labranza con pares de bueyes o vacas, por lo que a estos mozos se les llamaba gañanes.

Hasta que cayó enfermo nunca estuvo parado un solo día. Tenía un trabajo muy duro y sin límite de tiempo. Casi nunca dormía en casa aunque su trabajo se realizara en las proximidades del pueblo. El ganado vacuno no come durante el día y los que trabajan con estos animales deben darles el pienso durante la noche, a intervalos de cada hora, ya que su rumiar es sumamente lento.

También debían cuidar al mismo tiempo de que el fuego no se apagara para que el cocido estuviera listo por la mañana y comerlo antes de emprender el trabajo. En la olla se echaban los garbanzos para una persona si iba solo, como casi siempre le sucedía a él, más un trozo de tocino y un chorizo; con el caldo se hacían sopas de pan.

Cuento todo esto porque mi ilusión era tan grande cuando llegaba mi padre por las tardes que no hubiera cambiado esos momentos por nada del mundo, pues me traía un trocito de chorizo, que me gustaba mucho. Prefería no comerlo él por darme esa alegría. Así era mi querido padre, no vi hombre más bueno. Y si mucho me quería a mí, tanto o más le sucedía con mi querida madre, pero Dios quiso que no durara mucho esa felicidad y los perdí muy pronto.

Hoy, después de cincuenta y siete años de la muerte de mi padre, aún no he podido borrar de mi mente la imagen de su cara pocos días antes de morir. Con lágrimas en los ojos y con gran lucidez, pidió a su hermano, mi tío Julio, que no me abandonara, ya que si lo hacía tendría que vivir solo. Por desgracia, mi tío no pudo cumplir lo prometido.

Esta escena nunca la olvidaré. Fue la última vez que vi a mi padre con vida, demacrado, con una barba que daba la impresión de que no se había afeitado hacía mucho, con una tristeza en su rostro que denotaba su sufrimiento interior.
Después de esta entrevista duró poco. A mi tío y a

mí nos llamaron con urgencia, pues mi padre quería marcharse sabiendo que alguien velaría por mí, pero por desgracia no fue así.

Desde su muerte, ocurrida a los pocos días, fui un barco que perdió el timón y quedó a la deriva. Nadie de mi familia se interesó por mí sino para explotarme. Todas cuantas ayudas y afectos tuve a partir de entonces fueron de extraños y de la Divina Providencia, que nunca me abandonó. Mi ángel de la guarda siempre llegó a tiempo cuando el barco estuvo a punto de naufragar, que fueron muchas veces a lo largo de mi vida. Ese fue el comienzo de un largo recorrido y debo dar gracias a Dios por mi forma de ser.

De mi madre poco puedo hablar. Solo sé que me quería mucho, creo que como todas las madres quieren a sus hijos y en especial si tienen uno solo, como era mi caso, después de haber perdido dos a los pocos meses de nacer. Por eso fui un niño mimado, aunque por muy poco tiempo.

Recuerdo que me llevaba todos los días a la escuela, y por las tardes siempre pasábamos, al regreso, por casa de tía Saturnina, una parienta suya lejana. También me decía que cuando fuera mayor aprendería el oficio de zapatero porque según ella no había para otra cosa. Primero aprender a leer y escribir, y después un oficio.

No quería que pasara tantas calamidades como mi padre, trabajando en el campo y ganando tan poco como él ganaba. De sus ilusiones poco pude conseguir al perderla tan pronto. Un poco de escuela, un poco de zapatos y mucho de campo, esto último me fue necesario para subsistir. Mientras vivió mi padre hizo lo que pudo por mí, no le reprocho nada.

Al poco de morir mi madre, tuve la desgracia de caerme de un burro y dislocarme el brazo izquierdo por el codo. Allí empezó mi primer martirio después de que el médico intentara ponerlo en su sitio y no lo consiguiera. Nos fuimos a Trujillo a ver a una curandera que vivía en las huertas del mismo pueblo, el viaje lo hicimos en un borriquito que teníamos. Día y medio duró nuestro camino hasta llegar a la casa de la señora Rafaela, que así se llamaba la curandera. Fue una dura prueba y muchas las lágrimas que derramé hasta ver de nuevo mi brazo curado. Lo que no había conseguido el médico del pueblo, la señora Rafaela con su destreza lo consiguió y, al fin, pudimos volver sanos y salvos a nuestra casa.

No tardaron en suceder cosas desagradables para mí y esta vez no por rotura de brazo. Al poco de esto mi padre se casó en segundas nupcias, un duro golpe que llevé con resignación. Viendo mi sufrimiento, mi padre hizo cuanto pudo para apartarme de la madrastra. Como sabía que yo no la quería, y para cumplir con los deseos de mi madre, me dejó ir como hijo adoptivo con un matrimonio, familia lejana de mi madre, para que aprendiera el oficio de zapatero.

La señora se llamaba Petra y el marido Benedicto. Me fui ilusionado ya que los conocía muy bien y por ellos fui bien acogido. Con ellos estuve poco en el pueblo, enseguida nos marchamos a vivir a Monroy, cerca de Serradilla, porque según tío Benedicto había más posibilidades de trabajo. En aquella época en Serradilla había más zapateros que zapatos.

No tardó mucho en llegar el tiempo en que mis ilusiones se vieran truncadas. Al poco de llegar cayó enferma tía Petra. No debió ser cosa buena ya que murió enseguida y tuve que regresar a casa sin haber aprendido gran cosa del oficio y con la pena de perder a unos segundos padres, ya que así los sentía.

Cuando volví, le propuse a mi padre irme a trabajar con quien fuera ya que no quería estar en casa con la madrastra. No dudó en darme permiso. Desde entonces mi vida estuvo ligada a las faenas del campo, lo mismo guardaba ovejas que cerdos o vacas o lo que fuera. Estaba dispuesto a todo y los patronos no me trataban mal al ver mi comportamiento.

Al año de haberse casado mi padre, tuvieron un hijo y le pusieron de nombre Nicolás. Lo llegué a querer, pues al fin y al cabo era mi hermano. Ya no estaría solo si un día faltaba nuestro padre. Desde entonces, las cosas mejoraron sin vivir con ellos y acabé visitándolos más a menudo.

Nunca llegué a igualar a mi padre como cantaor. Hoy, al paso de los años, aún lo recuerdo arando en la besana y cantando por seguiriyas, que era su palo preferido. Paraban las yuntas más próximas solo para escucharlo. Mi cante ha sido muy distinto, aún gustándome más el suyo.

Pronto mi voz empezó a sentirse en la montanera, donde había muchas mozas cogiendo bellotas con las aceituneras, en los cortijos por las noches, y lo mismo en los casinos y bares del pueblo. «El Triguero», apodo que heredé de mi padre y que he llevado siempre con orgullo por venir de él, rodaba de boca en boca. Todavía hay señoras mayores que yo que recuerdan las letras de mis canciones, algunas con nostalgia, pues me dicen que a veces se entristecían de emoción. Este fue el motivo de que las gentes del pueblo me quisieran cada día más, lo mismo ricos que pobres. Donde hacía mi trabajo me querían y lo pasaban bien, les gustaba mi cante y yo con tal de complacerlos no me hacía de rogar.

Fui honrado y trabajador. Siempre estuve contento con todo y mi padre, cuando le hablaban de mí para elogiarme, se sentía feliz. Cuando lo visitaba, aprovechaba para contarle emocionado todo cuanto ocurría a mi alrededor, e incluso llegamos a trabajar juntos en la misma casa. Precisamente, cuando cayó enfermo y de cuya enfermedad no se recuperó jamás, nos encontrábamos en una dehesa llamada Casolilla. El patrón era Luis Alonso, de apodo: «Talento». Ahí terminó mi padre su carrera, si queremos llamarlo así. Primero una gripe, seguida de una anemia que terminó en tuberculosis. Esta enfermedad lo apartó para siempre del trabajo y varios fueron los meses que estuvo en la cama, o como máximo en una silla sentado. Fue muy penosa y triste su larga enfermedad.

Mi padre murió el día 17 de junio de 1931. Durante su enfermedad, vivió de la caridad de las gentes. Cuando cayó enfermo y por mandato suyo me fui con su hermano, mi tío Julio, no pude cuidar de él a pesar de que ya tenía 16 años. No porque no quisiera, sino por obedecerle. Mi padre había tomado esa decisión previniendo lo que se le venía encima por su estado de salud. Pensó que estando con su hermano en su casa sería un hijo más y mi tío así me trató sin cobrar un céntimo él. De eso ya se encargaba su mujer, de la que prefiero no hablar.

Yo cumplí la promesa que le hiciera a mi padre, ellos no lo hicieron. Cuando aquel año de la muerte de mi padre se terminó la recolección de la cosecha y el trabajo, empecé a ser una carga para ellos y enseguida surgieron las malas caras y regañinas por parte de ella. Al fin tuve que marcharme con gran disgusto de mi tío, ya que él no estaba conforme y no lo vio bien. En esa casa su voz figuraba poco o, mejor dicho, nada. Terminó quitándose la vida colocando una cuerda en un árbol y colgándose de ella por el cuello.

Hoy pienso en mis nietos, en lo mucho que los quiero. ¿En qué situación se vería ese hombre para llevarse a un nietecito hasta el lugar donde se suicidó? Al llegar al árbol en el que se ahorcó, provisto de una fuerte soga, le dijo: «vete a casa, que yo ya no vuelvo más.» A las pocas horas alguien les preguntó a la esposa y a una hija si sabían donde estaba, a lo que contestaron que no les importaba. La misma persona, al verlas después en el depósito de cadáveres del cementerio, les dijo: «ya os dejó tranquilas.» Por todo esto nunca culpé a mi tío de incumplir la promesa dada a su hermano de no abandonarme. Jamás volví a hablar a la que fuera su esposa y a las dos hijas que tenían. Recibí la noticia de su muerte estando en la guerra, en el frente de Madrid.

Después de dejarles, no tardé en encontrar otro empleo en el que me sentí de nuevo tan feliz y acogido como cuando estuve en Monroy. Si mucho me querían en casa de tía Petra y tío Benedicto, mis nuevos protectores, Julia y Julio, superaban a los anteriores por su cariño y bondad. En el tiempo que estuve con ellos disfruté de los privilegios de ser un hijo más de la casa. El matrimonio solo tenía una hija de corta edad. Al ir a su lado, mi intención era terminar de aprender el oficio de zapatero. Julio era un buen maestro y lo conocía muy bien. Me empecé a ilusionar porque al fin aprendería tan deseado oficio. De nuevo no fue así, el destino volvió a poner en el camino trabas que lo impidieron.

Cuando no llevaba mucho con ellos, a Julio le ofrecieron marcharse de guarda a una finca, próxima al pueblo, con unas condiciones muy ventajosas. No dudó en aceptar dicha propuesta, máxime siendo el dueño de la misma el marido de una hermana de su mujer. El matrimonio consultó conmigo la situación y me invitaron a irme con ellos en las mismas condiciones que estaba. Sintiendo que por segunda vez se truncaba lo de mi oficio, no dudé en aceptar su propuesta y emprendí el camino a su lado. Me era grata su compañía y por nada quería perderlos. Después de todo, parecía que no iba a ser zapatero y, sobre todo, no quería volverme a quedar solo.

Por fin nos fuimos a Las Mesas, que así se llamaba la finca. Esta dehesa era de Don Emilio Cobo, cuñado de Julio. La vida es como un huracán: cuando menos lo esperamos, lo aniquila todo. La felicidad de cuatro seres quedó deshecha sin esperarlo. Yo estaba muy contento con el trabajo que hacía, el matrimonio también se sentía feliz, éramos una familia ideal y de pronto todo se hundió.

Ocurrió en los primeros meses de 1933. Habíamos matado un cerdo y tuvimos la insensatez de no ir al pueblo para reconocer las carnes, lo cual se hacía frecuentemente en aquellos tiempos en los cortijos, cuando se hacían las matanzas. Este animal tenía larvas de *trichinella spiralis*, y no tardamos en sentir el fulminante efecto de la maligna enfermedad. De los que habíamos comido del cerdo enseguida murieron Julia, la esposa, y su única hija. Yo estuve varios días entre la vida y la muerte. El único que no había comido carne fue Julio, el marido. A él no le afectó la triquinosis, pero sí perder una esposa, una hija y acabar viviendo en un hogar deshecho. Este fue nuestro huracán y yo, como superviviente, de nuevo tuve que empezar mi peregrinar.

Cuando recuperé la salud, el camino que tenía delante de mí no era muy halagüeño. Casi por obligación debía quedarme en casa de mi tía Paulina, única hermana de mi difunta madre. Tenía cuatro hijos, todos pequeños y mi ayuda le venía muy bien a tío Antonio, su marido. No pude decirles que no, ya que el tiempo que duró mi enfermedad fueron ellos quienes me cuidaron en su casa. No es que lo hicieran gratis pues todo el gasto que originó mi tratamiento fue pagado por tía Anacleta, hermana de la difunta Julia y esposa de tío Cobo, dueño de la finca.

Debo agradecer a mis tíos que me cuidaran en su propia casa.
Allí supe lo que era trabajar de verdad, aunque la palabra no sea muy correcta. Diré que se me exprimió al máximo y no quisiera que sirva de crítica, ya que en aquellos tiempos, los padres lo hacían con sus propios hijos.

En el tiempo que estuve con ellos, arranqué capas de brezo e hice carbón del mismo nombre en plena sierra y en difíciles condiciones. Serían muy largas de enumerar las distintas faenas del campo que realicé, pero lo que sí debo decir es que el horario siempre fue de sol a sol, por no decir de noche a noche. Para nosotros no había hora y a pesar de ello, a mí tío siempre le parecía poco lo que hacía.

Claro que yo no podía igualarlo en el trabajo, su fortaleza era impresionante, no he visto hombre más duro ni más ágil. Además, era sumamente bonachón, con un carácter muy simpático. Todos los que lo conocían lo apreciaban. Conmigo no era malo, ni me trataba mal. Si a mí me hacía trabajar, lo mismo hacía con su hijo Pedro. Los demás eran aún pequeños. Añadiremos a todo esto que yo no ganaba nada, solo la comida y algunas veces mi tía me daba alguna perrilla para ir a la taberna, ese era mi sueldo.

De esta manera aguanté hasta que un buen día, ya un poco asqueado de aquella vida, me quise marchar voluntario al ejército. Esa vez la suerte tampoco estuvo de mi parte. En esa ocasión fue la talla la que me hizo la mala jugada. Después de estar tres días durmiendo sobre unos tablones, ya que era muy poco lo que me faltaba, no pude dar el mínimo exigido para hacer el ingreso como simple soldado en el cuartel del ejército que hay en Cáceres.

Figúrense ustedes con qué ánimos volví al pueblo. Desilusionado, la paciencia era mi único camino. Quiso Dios que nunca la perdiera y, es verdad, nunca la he perdido aunque algunas veces he dudado de mí mismo. Han sido demasiadas cosas en mi contra. Decidí trabajar, pero no con la familia, y cobrar de mi trabajo, lo que no había hecho nunca. Con todos había estado siempre gratis y sin ser dueño de mi persona, pero a partir de aquel momento estaba dispuesto a serlo y así lo hice. Cuando no tenía trabajo me iba a pescar al río y de comer no me faltaba. Esto era lo más seguro para subsistir en algunas épocas del año.

Año de 1934. En esa fecha todo me daba igual, ya que mi porvenir no era muy prometedor. Me habían sucedido muchas cosas y ninguna buena. Con algunos amigos de la izquierda, di en frecuentar la casa del pueblo, donde tenía su sede el Partido Comunista. Yo aún no tenía una clara posición política. En mi familia había derecha e izquierda, mi padre votó a favor de la República, creo que más por su situación que por ideologías, ya que era un hombre al que solo le interesaba su trabajo y entonces se veía imposibilitado para ejercerlo por su enfermedad.

Me interesé por conocer a fondo el programa del partido. Leí mucho y, sobre el papel, encontré aceptables las ideas de Karl Marx, creador y fundador de la Internacional Socialista. Su doctrina no podría ser mejor para la masa trabajadora, como era mi caso, y no dudé en afiliarme al partido. Al fin y al cabo no tenía nada que perder y la abundante propaganda que allí había era muy adecuada para gentes como yo.

De esa manera caí tan sencilla y fácilmente en la trampa. Más tarde, al cabo de los años, con más conocimientos y más experiencia de la vida, he visto la realidad de lo que es el comunismo, con sus disfraces, con su fantástica propaganda. Sigue siendo idéntico antes y ahora: sus métodos y doctrinas están hechos para la pobreza y la incultura.

En Extremadura, el número de analfabetos en aquel entonces era el del 37,8% de la población, por lo que no es de extrañar que fuéramos fáciles de cazar. Si yo caí, lo mismo les sucedió a infinidad de paisanos míos. Cuando hablo de todo esto aún no estaba movilizada mi quinta. Yo fui del reemplazo del 35 y no tardé en ser llamado a filas. Como cuando fui voluntario me dieron por inútil por falto de talla, quedé excedente. De antemano lo esperaba.

Ya creo haber dicho que cuando no tenía trabajo me dedicaba a la pesca y sacaba para comer. Lo mismo lo hacía de día que de noche. A pesar de no saber nadar, el río no me imponía miedo alguno, ni tampoco la soledad. Dormía en cualquier sitio, o bien debajo de algún risco, que allí había muchos, o en algún chozo abandonado por los pastores, lo más cerca posible de donde tenía echadas las cuerdas de pescar. La pesca la vendía en los cortijos más próximos al pueblo, adonde solía ir una o dos veces por semana.

Con menos frecuencia visitaba la casa del pueblo. Leía cuanto caía en mis manos y nunca me perdía los mítines que daban los distintos partidos políticos. A decir verdad, todos me gustaban, no tenía las ideas muy claras. «Si en la doctrina de mi partido todo es de todos y los camaradas deben ayudarse en todas las necesidades, ¿por qué a la hora de la verdad no lo cumplen?» Esto nunca lo acabé de comprender.

Pensaba mucho en todo ello cuando estaba a la orilla del río en aquellas soledades.

En estos devaneos, volvía al pasado y me venía a la mente lo mal que se portaron con mi padre. No los comunistas exclusivamente, sino todos los de izquierdas que, en aquellos momentos, estaban unidos en un frente popular para derribar a la Monarquía.

EL FRENTE POPULAR

Desde sus inicios, la República tuvo que enfrentarse a serios y crecientes problemas. Si los comunistas y anarquistas de la izquierda rechazaban un régimen que consideraban burgués, la derecha no constituía menor peligro. Cuando los grupos de izquierda lograron superar en parte sus divisiones, republicanos, socialistas y comunistas suscribieron un pacto electoral que, en las elecciones de febrero de 1936, llevó al poder al Frente Popular. Seguidamente, se decretó un indulto para los presos políticos y sociales, se dio luz verde a asuntos tan cruciales y controvertidos como la reforma agraria y el estatuto de Cataluña, y se emprendieron medidas contra la Iglesia.

Las políticas del Frente Popular alentaban la esperanza de cambios sociales rápidos y significativos al tiempo que el ánimo de revancha también anidaba en muchos. Enfrente, la población vinculada con la Iglesia y los demás sectores afectados por las nuevas políticas contemplaban con temor el desarrollo de la nueva etapa, temerosos de que trajera una dictadura del proletariado, lo que motivó que fueran cada vez más los que apostaron por una salida autoritaria e ilícita que terminase con la República.

Los sentimientos políticos de mi padre eran de izquierdas pero no pudo saborear el triunfo del advenimiento de la Segunda República de España. En aquellas fechas, su estado de salud era pésimo pero aun así, lo más importante para él fue darles su voto. Entonces: «¿Por qué se portaron tan mal con él siendo de los suyos?» Qué desengaño más grande se debió de llevar, máxime en el estado en que se encontraba. Tan solo duró dos meses después de las elecciones que hubo en abril de 1931.

Los ricos le ofrecieron dinero por su voto y no lo aceptó, a pesar de sus necesidades. Llevaba varios meses viviendo de la caridad de las gentes y había sido abandonado por su segunda esposa cuando más necesidad tenía de ella. Los de su partido le halagaron en las mismas fechas, incluso le llevaron en una silla en volandas entre cuatro para que pudiera depositar su voto en las urnas; qué camaradería y qué compañerismo, palabras muy corrientes entre esa clase política.
No tardó en recibir el pago por su apoyo a la nueva causa y a aquel nuevo régimen deseado por la mayoría de los españoles; pronto se acabaron las visitas diarias que había tenido antes de las elecciones. ¡Qué desengaño llevó! Aquello supuso para él, dentro de su estado de salud, un trauma muy grande. Sabía que la vida se le iba y los días los tenía contados. Fue suficiente el vacío y la ausencia de sus amigos para

que su moral y su estado de salud se agravara hasta agotarse como un candil sin aceite. Sin embargo, no hizo un mal reproche de los que se portaron tan hipócritamente con él.

Por aquel entonces, y a pesar de ser sabedor de todo esto — ya que él me lo había contado y me había hecho algunas advertencias sobre la política —, no supe valorar lo sucedido y, debido a mi situación tan precaria, caí en la trampa. Mi padre me había dicho antes de morir: «no te mezcles en la política, sea del color que sea». Pero sin desearlo, por los azares de la vida me vi involucrado primero con los comunistas y después, con el otro extremo de la cuerda, los falangistas.

A mí de siempre me gustó mucho la lectura y, como dije antes, me ilusioné en los primeros momentos. No conocía nada fuera de mi pueblo y menos las cosas de la política. Lo que menos me gustaba de aquel ambiente eran las peleas y los desafíos. Existía un odio entre uno y otro bando implacable, y aquello me fue decepcionando poco a poco. No veía motivos para que la gente se comportase así y por fin llegó el día en que perdí la moral por completo.

Se celebró un mitin del partido en Cáceres, con las más altas jerarquías del mismo; entre ellas se encontraba el secretario general, José Díaz. A la

concentración acudimos la mayoría de los militantes de la provincia, en los medios de transporte que hubiera. Los serradillanos lo hicimos en la caja de una camioneta en pésimas condiciones.
Fuimos por la carretera que cruza el río Tajo al sur del pueblo y regresamos por Mirabel por temor a sufrir un atentado de los militantes de la derecha, ya que había habido amenazas. La concentración duró varias horas. Allí escuchamos peroratas de sus señorías en una explanada y no faltó más que rodearnos con un redil para convertirnos en borregos, tal sensación dábamos.

Según los jefes locales, nos iban a dar de comer. Pero eso se quedó en promesa: los que tuvimos la desgracia de no llevar nada volvimos con las tripas vacías a altas horas de la noche y, los que no, fue porque algún compañero les dio algo. Estoy seguro de que ellos comerían en buenos restaurantes y no se acordarían, en el momento del banquete, de la igualdad que acababan de predicar a sus fieles camaradas.

A partir de ese día mis visitas al partido fueron menos. Procuraba seguir en el campo el máximo de tiempo, trabajando o pescando y, cuando regresaba al pueblo, me dedicaba a divertirme con los amigos; ya me había hartado de tanto embuste y engaño. De esa manera aguanté hasta que llegó el 18 de julio de 1936, cuando estalló la Guerra Civil Española.

Ya a mediados del año 1935 las cosas no iban bien, por lo menos en mi pueblo. No había trabajo; los patronos preferían dejar las faenas del campo sin hacer. Tampoco había seguridad en la calle debido a los fanáticos de las distintas ideas. Me preguntaba: «si no queríamos una monarquía y por fin tenemos lo que durante tantos años hemos soñado, ¿Por qué no lo cuidamos como se merece?» Durante la dictadura de Primo de Rivera todo el mundo tenía trabajo, comía y se divertía, había orden y respeto. ¿No podría haber sido esto igual?, y más con las ventajas de tener libertad de pensamientos e ideas. No debemos confundir libertad con libertinaje y de esto último es de lo que había en nuestra querida República.

Volviendo a mi militancia en el Partido Comunista, debo decir que nunca me vi envuelto en ninguna refriega. Presencié mítines de la CEDA, Falange, Radicales y Socialistas, a parte del grupo al que yo pertenecía, y nunca me expulsaron de sus respectivos locales, algo que era muy frecuente con los no afiliados a los mismos. Entre mis amigos los había de todos los bandos, y para mí seguían siendo amigos todos. Debo decir que la simpatía que había alcanzado años atrás con todas las clases sociales seguía igual, salvo algún caso aislado. Quizás influyera mi manera de ser, ya que siempre fui acogedor y abierto a los demás.

LOS PARTIDOS DURANTE LA REPÚBLICA

El nuevo modelo de estado, que arrancó en 1931 con propósitos de democratización y modernización, también trajo consigo la creación de nuevos partidos. Al poco de proclamarse la República, aunque la derecha liberal y republicana ya hacía alrededor de un año que existía y su líder había sido uno de los artífices del cambio de la monarquía a la república, fueron los socialistas — primera fuerza política del país — los que formaron gobierno junto con los republicanos. Al mismo tiempo, los monárquicos fracasaban en en su intento de golpe de estado y surgía un nuevo partido católico, Acción Nacional, germen de lo que dos años más tarde se conocería como Confederación Española de Derechas Autónomas (C.E.D.A).

En las siguientes elecciones, que tuvieron lugar en 1933, socialistas y republicanos acudieron divididos a las urnas y pasaron a la oposición, mientras que el partido centrista conocido como Partido Radical se convirtió en la primera fuerza, contando con el apoyo de la derecha. En la extrema derecha, Falange Española, un pequeño grupo que contaba con el apoyo financiero del fascismo italiano, se hacía con una modesta representación. Para la siguiente convocatoria de elecciones, ya en 1936, los monárquicos crearon el Bloque Nacional, que propugnaba un estado totalitario, mientras que en la izquierda los republicanos se aglutinaban en los partidos de Izquierda Republicana y Unión Republicana. Los socialistas se encontraban divididos entre el sector partidario de colaborar con los comunistas y los que seguían prefiriendo un pacto con los republicanos. Finalmente, tras la etapa de los radicales y la derecha siguieron cuatro meses de gobierno del Frente Popular, los últimos de la república en paz.

Con exactitud no recuerdo la fecha, pero sí sé que trabajé algún tiempo con Pedro Sánchez, el que fuera juez en el pueblo y, lo mismo él que su esposa, la señora Leocadia, se portaron muy bien conmigo. Los dejé porque caí enfermo debido a una pulmonía. El tiempo que duró mi enfermedad, primero en su casa y luego en la mía donde me llevaron, la señora no faltó un solo día para llevarme la comida y cuanto necesité. Estos señores eran ricos y me conocían bien; conocían mis ideas en aquellos tiempos. ¿Cómo podía hablar mal de ellos o tenerles odio, portándose así?

En esas fechas yo dormía casi todas las noches en mi casa, aunque algunas veces lo hacía en la cuadra de las caballerías, pues me daba menos pereza levantarme por las mañanas allí. Aquel día no sé en qué sitio dormí, pero lo cierto es que el matrimonio, al ver que yo no hacía acto de presencia y que las caballerías seguían en la cuadra, empezaron mi búsqueda en el mismo establo y, cuando se marchaban, vieron moverse unos aparejos en el suelo, debajo de los cuales me encontraba yo con mucha fiebre y sin conocimiento. Seguidamente me llevaron a su casa y avisaron a un médico que me diagnosticó pulmonía.

Si ellos no me hubiesen encontrado, al ser tan alta la fiebre, habría muerto allí mismo. En los pocos años que llevaba de soledad, esta fue la segunda vez que mi barco estuvo a punto de naufragar. Y lo que son las cosas: estando enfermo esta vez en la cama de mi casa, venían a mi mente los recuerdos que tenía de mi padre, solo y viviendo de la caridad de las gentes. Se repetía la historia familiar. Acabé enfermo, solo y a expensas de los que se compadecían de mí. No me quedaba más que resignarme y afrontar lo que Dios quisiera. Mientras me recuperaba de mi enfermedad, la familia que me acogía tuvo que sustituirme por otro obrero.

Hasta encontrar otra casa donde trabajar, de nuevo me dediqué a la pesca, ya que tenía que comer. Lo que fuera menos estar de brazos cruzados. Por cierto, a los pocos días me ocurrió un percance por el que casi me ahogo en el río Tajo. Ese día, mientras ayudaba a remolcar río arriba la barca al tío Moreno — que era el barquero del pueblo — perdí el equilibrio y caí al río. Fue cuestión de segundos ya que no me solté de la soga y él me sacó del agua como quien saca un cubo de un pozo ya sumergido.

Aquella era una época muy mala para encontrar trabajo. En mi pueblo, desde que se terminaba la recolección de las aceitunas hasta que empezaba la siega era muy difícil encontrar una casa donde trabajar. Los padres de familia se las veían y se las deseaban para dar de comer a sus hijos. Todas las promesas que nos habían hecho en las elecciones del 31, cuando vino la República, quedaron sobre el papel y en el pueblo pasamos cinco años en la misma miseria que durante los años de monarquía, o quizás más, debido a la actitud de los patronos. Nosotros teníamos a los sindicatos de nuestra parte, y al Gobierno, pero ellos tenían el dinero.

A menudo, los pobres vimos entrar el hambre en nuestros hogares. La única ventaja que tuve a mi favor es que estaba solo en mi casa mientras otros tenían personas a su cargo: padres ancianos o enfermos, esposas e hijos que mantener. Mejor o peor, siempre pude comer — muchas veces solo peces asados y un poco de pan —. El aceite era cosa de lujo a pesar de cosecharse en el pueblo.

Cuando los ricos se hacen la guerra,
son los pobres los que mueren.
Jean-Paul Sartre

JUVENTUD Y GUERRA
Año de 1936

Capítulo I. La Falange

Dieciocho de julio de 1936. Ese día me encontraba en el río Tajo pescando en una aceña o molienda denominada La Luz, que además de moler el trigo y demás grano, proporcionaba alumbrado al pueblo. Allí fui con tres amigos y vecinos a pasar unos días, pues nos encontrábamos sin trabajo al haber terminado las faenas de la siega. Y allí nos llegó la noticia de la sublevación militar y también de que estaban deteniendo a casi todos los de izquierdas del pueblo mientras otros muchos huían al monte.

Las malas noticias no se hacían esperar: ya habían ejecutado a algunas personas y no dejaban salir a nadie del pueblo. Como mis compañeros y yo éramos militantes del Partido Comunista, nos entró un miedo tremendo a pesar de no estar ninguno clasificados como revolucionarios, observar todos una conducta intachable y tener buenas relaciones con ricos y pobres. No podíamos seguir allí por más tiempo.

Nuestra primera intención fue echarnos al monte, pero tuvimos que desistir porque yo no sabía nadar y para tal propósito teníamos que cruzar el Tajo, que llevaba mucha agua. Los puentes, según nos decían, estaban vigilados por la Guardia Civil y los falangistas. Fueron momentos de angustia para mí y mis dos amigos, y también para la hermana y marido de uno de ellos, los dueños de la molienda. Después de dar muchas vueltas, nos decidimos y salimos hacia el pueblo. Teníamos que afrontar nuestra suerte —«que Dios nos proteja, así no podemos continuar» —.

Antes de llegar al pueblo nos pararon los guardias. Al decirles de dónde veníamos y explicarles que no sabíamos nada de lo que sucedía, se dieron por conformes y nos dejaron marchar, pero nos advirtieron de que bajo ningún concepto debíamos salir de nuestras respectivas casas. Mis compañeros eran Hipólito Castillo y el hermano de la dueña de la molienda donde habíamos estado pasando unos días, Félix Ratón.

Los sucesos eran preocupantes. Según las noticias de la radio, la guerra ya era un hecho y la represión era alarmante en ambos bandos. Enseguida empezó en el pueblo la movilización de voluntarios; los primeros en salir fueron los falangistas y los hijos de los ricos de ideologías afines. A los que aún gozábamos de libertad, lo que más nos preocupaba era tener donde trabajar.

Me marché con tío Gregorio, de apodo «Gilito». Su hijo, José María, era un buen amigo mío y me satisfacía ir con ellos. En la era nos seguían llegando malas noticias y más en lo concerniente a las nuevas detenciones en nuestro pueblo. Los que estaban en mi situación no las teníamos muy seguras, vivíamos con un miedo terrible constantemente por lo que, al fin, sin terminar de recoger todo el grano de la cosecha, abandoné el trabajo y me presenté en el ayuntamiento para alistarme en la Falange e ir al frente. No me quedaba otra solución, o se estaba con los sublevados o en contra.

Mi alistamiento en el ayuntamiento fue algo desagradable. A decir verdad, lo esperaba. Uno de los señores que componían la mesa de alistamiento, al yo decirles que quería alistarme en la Falange para ir al frente, dijo secamente: «a este no apuntarle, es comunista, por lo tanto debe ir a la cárcel con sus compañeros». No me dio tiempo a contestar, ya que por mí lo hizo un entrañable amigo que se encontraba en dicha mesa, José Rodrigo Blázquez, de apodo «Pepe Culata». Su respuesta fue rotunda y sin titubeos: «Quieto parao, por este respondo yo, no se hable más». Apunta a Teodoro Recuero Pérez para que se marche lo antes posible y salga con los demás compañeros hacia el frente. Me lo jugué todo a esa carta, hubiera sido peor no hacerlo.

Así de sencillo fue mi ingreso en la Falange Española, después de haber hecho tantas cábalas y de haber pasado tanto miedo. Nos llevaron a la capital de la provincia, Cáceres, y allí nos dieron el uniforme de la milicia. A continuación comenzó un corto periodo de instrucción que constaba de una parte práctica para aprender el manejo de las armas, y una teórica que tenía por objetivo conocer el programa de la Falange y al mismo tiempo asimilar su doctrina, escrita muy inteligentemente por su fundador, José Antonio Primo de Rivera. Hasta entonces, lo único que había sabido de Falange era, por los mítines del pueblo, que existía como partido, pero nada más.

A pesar de mi fortuito ingreso en dicho partido, desde el primer momento tomé gran interés en leer su programa, pues quería conocer a fondo su contenido. Esta era la segunda experiencia que iba a tener en política en pocos años: primero el comunismo y ahora el falangismo, la otra cara de la moneda. Entre los veintiséis puntos que constituían el programa político de Falange Española ideados por José Antonio Primo de Rivera, los había muy polémicos, como los relacionados con la nueva distribución de la tierra cultivable, la nacionalización de la banca o la separación entre la Iglesia y el Estado.

En aquellos días en Cáceres vi cosas hechas por falangistas que no se ajustaban en nada al ideario de su fundador ni a los veintiséis puntos del programa de la Falange. Estoy seguro de que personas muy poderosas influyeron para que nada de dicho programa ideológico se cumpliera. Había que desprestigiar por todos lo medios a ese nuevo partido y crear confusión en aquellos momentos en que su jefe estaba en la cárcel, en zona enemiga. La Falange era necesaria para ganar la guerra pero no como plataforma ideológica para el orden nuevo.

José Antonio había escrito en uno de los veintiséis puntos de su programa ideológico que había que ganar al enemigo con buenos hechos y no con palos, ¿podía esto tener alguna relación con los fusilamientos que se realizaban a diario en las ciudades y pueblos ocupados? Ese fue el primer revés que nos encontramos los recién incorporados a dicha milicia, algo sorprendente para los que habíamos leído el programa.

Debo decir que desde el primer momento me gustaron esos veintiséis puntos, pero no así los hechos que se sucedían a diario. Si en el Partido Comunista vi cosas que no me agradaron, después, en los pocos días que permanecimos concentrados en Cáceres, menos. Todas las noches pedían voluntarios para realizar servicios especiales y esos servicios eran poco ortodoxos, según comentaban después los que los realizaban, que siempre eran los mismos. Se trataba de fusilamientos a personas del bando contrario, y no se trataba solo de salir a prestar ese macabro servicio, también se mofaban de aquellos infelices.

Aquello me desilusionó por completo. Sé que en la otra zona hicieron lo mismo, también lo reprocho. ¿Que ideología era la de esas personas de uno y otro bando para tomarse la justicia por su mano? En la guerra se lucha y se mata, no cabe duda, pero no de forma tan cobarde y a personas que no han cometido delito alguno.

Durante los tres años de existencia de la Falange mataron a personas por tener otras ideas, o por simples rencillas personales, o porque había intereses económicos de por medio. No hubo justicia. Estas actuaciones, además, favorecían que en sus filas se alistaran muchos indecisos, temerosos de parecer del otro bando, como era mi caso y el de millares de españoles.

Después de ver aquello y salir de Cáceres, ya no volví a leer nada en toda la guerra. Mi militancia en la Falange duró todavía varios meses. Aunque la mayoría de los integrantes de la Falange a la que yo pertenecía éramos del pueblo y nos llevábamos bien, tenía miedo a que surgiera alguna denuncia sobre mi pasado. Decidí entonces alistarme en la Legión y Dios quiso que, después de cuanto había visto, mis deseos se vieran cumplidos. Durante toda la guerra fui un hombre feliz, aun con el peligro que suponía estar en un cuerpo especial como era el de la Legión. Pasé a pertenecer a dicho cuerpo el día 23 de enero de 1937. En aquellas fechas nos encontrábamos en Carabanchel Alto y allí hice mi alistamiento con otro chico de Brozas, Cáceres, que iba en mi unidad.

De Cáceres salimos hacia el frente, en la primera quincena de septiembre del 36, después de terminar el adiestramiento en el manejo de las armas. Pasamos por Talavera, Torrijos, Santa Olalla y otros pueblos hasta llegar a Toledo el 28 del mismo mes. Esta ciudad estaba recién ocupada por los legionarios y los regulares y aún había varios edificios en llamas. Se habían hecho fuertes en el seminario y en la plaza de toros, y no se habían rendido todavía. Ocupamos la Diputación sin pegar un solo tiro. Y allí dormimos la primera noche, sin saberlo, entre algunos de los muertos que aún quedaban.

Ese día nos trasladaron a la estación. Muy cerca teníamos al enemigo; ya estábamos en pleno frente. Cuando no habíamos hecho más que llegar a la estación del ferrocarril, nos atacaron los rojos. Cuánto miedo tendríamos que salimos corriendo y tirando cuanto llevábamos encima, incluyendo el fusil. A Eulogio, el que fuera barrendero del pueblo, le dio un ataque epiléptico y nos vimos negros varios hombres para sujetarlo en medio de una lluvia de balas.

LAS FUERZAS REGULARES

Las Fuerzas Regulares Indígenas o Regulares son una unidad de las fuerzas militares españolas creadas en 1911, en el África española y con personal indígena. Su creación se debió en gran parte a la protesta de la población civil en la península por la participación de soldados españoles en la zona del Protectorado: el Marruecos español. En 1914 la unidad constaba de cuatro grupos: Tetuán, Melilla, Ceuta y Larache. Posteriormente, tras la derrota militar en la localidad marroquí de Annual en 1921, se formó un quinto grupo, el de Alhucemas.

Participaron en varias operaciones durante la Guerra del Rif — también conocida como Guerra de África — de los años veinte, en el movimiento huelguístico revolucionario de octubre de 1934, durante el bienio radical-cedista, y en la Guerra Civil. Posteriormente, algunos de sus miembros marcharon a la División Azul durante la Segunda Guerra Mundial.

Ese fue nuestro bautismo de sangre, pero no quedó ahí todo: la sorpresa fue mayor cuando intentamos cruzar el puente de San Servando. Había allí una escuadra de legionarios con una ametralladora emplazada y, con tan solo unas ráfagas, nos hicieron volver por el mismo camino que habíamos traído y, al mismo tiempo, recuperar nuestras armas perdidas, o mejor dicho, abandonadas. Resultó que el enemigo había disparado simulando un ataque pero no se había movido de sus posiciones. El mando nuestro ya lo sabía porque, al oir el tiroteo, siguió el imaginado ataque con los prismáticos y vio que el enemigo no se movía de sus posiciones. Así se desarrolló nuestra primera actuación en la guerra.

No era de extrañar que nos ocurriera esa odisea, pues la mayoría éramos novatos en años y la primera vez que nos encontrábamos en semejante trance. Nunca hasta entonces habíamos cogido un fusil y nuestra preparación había sido improvisada, muy a la ligera y sin más oficiales que un capitán del ejército que mandaba toda la bandera, que era igual a un batallón.

Después tomaríamos parte en la conquista del campamento Alijares: un campo de adiestramiento de los cadetes de la Academia de Infantería de Toledo que estaba en poder del enemigo. Luego volvimos a Toledo capital y allí permanecimos varios días haciendo servicios de vigilancia, ya que aún quedaban algunos francotiradores aislados. Al salir de la ciudad con dirección hacia Madrid, hicimos paradas más o menos largas en varios pueblos: Mocejón, Villaseca, Illescas y otros muchos que ahora no recuerdo.

En noviembre llegamos al mismo Madrid, entrando por Carabanchel Alto. Desde el primer momento empezamos a sentir la guerra más de cerca y con una dureza para nosotros distinta a la anterior. Las escaramuzas eran diarias, más por parte del enemigo que por la nuestra, y el frente había quedado paralizado en el mismo puente de Toledo. Allí nos tocó pasar la primera Navidad de la Guerra Civil Española. Desde entonces ya no hubo tregua para los falangistas; el enemigo bien atrincherado, que nos era superior en número, en armamento y en personas, no dejaba de castigarnos a todas horas.

Nos trasladaron al barrio de las latas, situado en la carretera de Toledo, junto a Usera. En esa nueva posición el castigo fue más duro y empezamos a tener muchas bajas, raro era el día que no caía algún compañero. Nuestras posiciones estaban sometidas día y noche a un continuo bombardeo de la artillería y los morteros. Hubo días de no poder salir de los bloques que ocupábamos ni para recoger la comida que nos hacían en las trincheras próximas, situadas en lo que es hoy Parque Sur de Madrid.

Capítulo II. En la Legión

Así continuó esa pesadilla hasta el 23 de enero de 1937, día en que decidí alistarme en la Legión. Estas fuerzas tenían entonces su cuartel general en Carabanchel Alto y eran mandadas por el coronel D. Heli Rolando de Tella y Canto, que a su vez era jefe de la primera legión y de una de las columnas que operaban en ese sector de Madrid. Allí realicé mi alistamiento con la buena suerte de pasar a pertenecer a la escolta de dicho jefe. Desde esa fecha, mi uniforme fue distinto; la camisa azul fue sustituida por la verde clara de legionario. Ya había dejado la milicia, ahora era un soldado de la Legión.

Desde mi ingreso en el cuerpo pertenecí a la 45 Compañía, una de las doce banderas. Conmigo hizo su alistamiento un chico de Brozas que había ingresado en la Falange a la vez que yo y casi en las mismas condiciones. Desde el primer día nos hicimos buenos amigos. Se llamaba Adolfo Bravo. Tanto en la escolta como en la 12 Bandera de la Legión donde fuimos destinados, siempre estuvimos en la misma escuadra hasta nuestro licenciamiento que fue el día 23 de enero de 1940. Al licenciarnos, y ya de regreso hacia nuestros respectivos pueblos, nos despedimos en Cáceres y no he vuelto nunca a saber de su vida.

En una ocasión escribí al ayuntamiento de su pueblo y no tuve respuesta alguna de nadie.

De los ocho meses que aproximadamente duró mi estancia en la escolta del jefe de la primera legión, mi misión y la del resto de legionarios consistía en escoltarlo durante los distintos desplazamientos que hacía a las unidades de la columna que mandaba. Al mismo tiempo, teníamos que retransmitir por morse las órdenes y mensajes a distancia.

Pasé por varios cuarteles generales en ese periodo. El primero fue el de Carabanchel Alto, donde se encontraba el ayuntamiento donde hice mi ingreso en el cuerpo. Después fui destinado a Pinto, durante las operaciones del Jarama, y a Pingarrón cuando la batalla de Brunete. Por último, Getafe, donde a nuestro jefe, el coronel Tella, le llegó el ascenso a general. Entonces, las dos secciones de legionarios de que se componía la escolta hubimos de pasar cada una a una bandera de la legión distinta.

LAS OPERACIONES DEL JARAMA Y LA BATALLA DE BRUNETE

Las batallas de Jarama y Brunete fueron importantes contiendas de la Guerra Civil que sucedieron en febrero y julio de 1937, respectivamente. En mitad del crudo invierno de 1937, las tropas franquistas, que asediaban Madrid desde noviembre de 1936, recibieron órdenes de cortar las comunicaciones de la ciudad por el sureste con la capital del país en aquellos momentos, Valencia, mediante un ataque por la zona del valle del río Jarama.

Los franquistas consiguieron cruzar el río y resistieron todos los intentos del ejército republicano para desplazarlos de sus posiciones, pero después de veinte días la carretera de Madrid a Valencia siguió fuera de su alcance y en manos republicanas. Así, el área perdía mucha de su importancia estratégica. Hacia finales de febrero, la batalla entraba en una situación de estancamiento, con los dos bandos con sus posiciones consolidadas donde ningún asalto enemigo podía sorprender. Hubo entre 15.000 y 17.000 bajas.

Cuando llegó el verano del mismo año, muchas operaciones importantes se desplazaron a la cornisa Cantábrica. Entonces, las fuerzas republicanas decidieron intentar una operación de distracción estratégica que obligara a Franco a sacar sus tropas del norte y que al mismo tiempo mejorara la situación de la ciudad, que se encontraba prácticamente en una bolsa, sitiada. Con esta batalla los republicanos consiguieron retrasar la ofensiva del norte algo más de un mes y alejar el frente de batalla unos kilómetros de Madrid, pero el bando nacional retomó Brunete y el cerco de Madrid permaneció tal y como estaba antes de la masacre. Hubo unas 40.000 bajas.

A los de mi sección nos correspondió la 12 Bandera, entonces recién creada, y a los de la otra, la 11 — ambas con no muy buena fama —. A estas dos banderas las llamaban las «Banderas Rojas». Al parecer, las dos unidades habían sido formadas, en su mayoría, con presos políticos reclutados en las mismas cárceles y sin más antecedentes que profesar ideologías contrarias al movimiento nacional del General Franco.

Los legionarios preferían morir en el frente pegando tiros y defendiéndose a que les dieran uno en la nuca a ellos. Era ley de vida. Esta fue la motivación de la mayoría para convertirse en legionarios. El resto lo hizo para pasarse al otro bando. Así pues, nada más llegar al frente, una sección completa de la 11 Bandera se pasó al enemigo, incluso con las ametralladoras. Este fue el motivo de que las llamaran desde entonces las Banderas Rojas y de que los altos mandos desconfiaran de ellos. Este incidente no se volvió a repetir en toda la guerra, en tres años de lucha. Y pronto, estas dos unidades se cubrieron de fama donde les tocó actuar, al igual que las restantes de la Legión.

Aquí no había política, solo disciplina y un credo legionario de doce puntos que había que cumplir al pie de la letra. En el punto once, por no mencionarlos todos, rezaba: «La Bandera de la Legión será la más gloriosa, porque la teñirá la sangre de sus legionarios». Estos doce puntos del credo eran de obligado conocimiento y había que cumplirlos cuando llegaba el momento.

Cuando llegamos a la bandera, la situación que habíamos tenido hasta entonces cambió por completo con respecto a la disciplina, los ejercicios tácticos para el combate, el manejo de las armas y los desfiles que se practicaban a diario. Debo decir que no había descanso, estuviéramos en el frente o en retaguardia.

En los primeros ejercicios de tiro, por mi buena puntería me hicieron tirador de fusil ametrallador y me ascendieron a legionario de primera. Esta fue la máxima y única graduación que tuve en mis tres años de guerra. Nunca me presenté a un ascenso en las distintas oposiciones que hubo, ya que no tenía intención de seguir siendo militar. Me sentía a gusto con mi puesto de tirador de fusil ametrallador y mis jefes me trataban bien.

También aprendí a tatuar, lo que me generó buenas amistades y buen dinero. No me faltaban clientes a todas horas, fuera en las trincheras o en los pueblos de la retaguardia que a menudo frecuentábamos.

EL CREDO LEGIONARIO

El Credo Legionario consiste en una lista de doce máximas redactadas por José Millán Astray, fundador de la Legión en 1920. Ideadas con la intención de incrementar la popularidad de la unidad, las doce máximas se denominan espíritus:

El espíritu del legionario: es único y sin igual, de ciega y feroz acometividad, de buscar siempre acortar la distancia con el enemigo y llegar a la bayoneta. **El espíritu de compañerismo:** con el sagrado juramento de no abandonar jamás a un hombre en el campo, hasta perecer todos. **El espíritu de amistad:** de juramento entre cada dos hombres. **El espíritu de unión y socorro:** a la voz de ¡A mí la Legión!, sea donde sea, acudirán todos y, con razón o sin ella, defenderán al legionario que pida auxilio. **El espíritu de marcha:** jamás un legionario dirá que está cansado, hasta caer reventado. Será el cuerpo más veloz y resistente. **El espíritu de sufrimiento y dureza:** no se quejará de fatiga, ni de dolor, ni de hambre, ni de sed, ni de sueño; hará todos los trabajos, cavará, arrastrará cañones, carros; estará destacado, hará convoyes, trabajará en lo que le manden. **El espíritu de acudir al fuego:** la Legión, desde el hombre solo hasta la legión entera, acudirá siempre donde oiga fuego, de día, de noche, siempre, siempre, aunque no tenga orden para ello. **El espíritu de disciplina:** cumplirá su deber, obedecerá hasta morir. **El espíritu de combate:** la Legión pedirá siempre, siempre, combatir, sin turno, sin contar los días, ni los meses, ni los años. **El espíritu de la muerte:** el morir en el combate es el mayor honor. No se muere más que una vez. La muerte llega sin dolor y el morir no es tan horrible como parece. Lo más horrible es vivir siendo un cobarde. **La Bandera de la Legión:** la Bandera de la Legión será la más gloriosa, porque la teñirá la sangre de sus legionarios. **Todos los hombres legionarios son bravos:** todos los hombres legionarios son bravos, cada nación tiene fama de bravura; aquí es preciso demostrar qué pueblo es el más valiente.

Volviendo a las primeras intervenciones con la bandera, en la segunda quincena de septiembre del año 37 ocupamos una posición avanzada en el barrio del Lucero, ya próximo al cementerio de San Isidro. El enemigo contraatacaba con dureza e incluso con algunos carros blindados pero, a pesar de las bajas que sufrimos, no se perdió ni un solo palmo de terreno.

A todo esto, sin saberlo teníamos detrás un batallón del regimiento de San Quintín con ametralladoras cuidadosamente emplazadas por si dábamos un paso atrás. Pero esa vez se equivocaron con los legionarios de la 12 Bandera «Roja» y desde ese día se acabó la desconfianza que existía sobre nosotros.

Después de esa demostración de heroísmo, se sucedieron otras muchas en los distintos frentes en los que nos tocó actuar durante la guerra. Una muy próxima a esas fechas tuvo lugar cuando fuimos requeridos con urgencia por el mando para trasladarnos a Seseña, donde se estaba librando desde hacía días una gran batalla.

En aquel momento nos encontrábamos en la Cuesta de las Perdices. A decir verdad, no era una posición muy recomendable, ya que no había un solo día que de madrugada no se entablaran ataques por uno u otro bando. Cerca de Seseña, en la Cuesta de la Reina, caí herido de una bala en la clavícula del hombro derecho. Ese día hubo más de seiscientas bajas en nuestra bandera, entre muertos y heridos. No obstante, se cumplieron los objetivos que ordenó el mando.

Me llevaron a Griñón, el hospital de sangre más próximo al frente. Después de la primera cura de urgencia, me trasladaron a Cáceres y, más tarde, a Plasencia, ciudad próxima a mi pueblo. Allí fui hospitalizado en el convento de las Josefinas, habilitado para tal fin. Debo decir que lo pasé bien el tiempo que estuve allí, pues no era un hospital militar donde todo hubiera sido mucho más rígido. El que podía valerse salía todos los días de paseo, como a mí me ocurrió. Muchas veces lo hacía a diario con mis paisanos que iban a la ciudad para hacer sus compras.

Cuando me dieron el alta en el improvisado hospital, pasé un día en mi pueblo. Después marché en busca de mi bandera, que por cierto se encontraba en la Ciudad Universitaria, en el mismísimo Clínico, casi en el corazón de Madrid. Desde los puestos de observación, se veía lo que es la plaza de La Moncloa.

Creo que era la posición más peligrosa de todo el frente de Madrid. Allí quedaron enterrados muchos legionarios a consecuencia de las minas, ya que uno y otro bando trataban de ir minando el edificio para aniquilar al contrario. Aquello era terrible, estar siempre pensando que podías volar por los aires en cualquier momento o ser sepultado sin poderte defender. El edificio estaba ocupado al mismo tiempo por todos; lo mismo tenías al enemigo arriba de tu cabeza que debajo de tus pies o que a cualquiera de los lados. Incluso por un hueco inesperado te podían abrasar con un lanzallamas. Esta situación duró, para ambos bandos, hasta la terminación de la guerra. Los que vivimos aquella odisea nunca podremos olvidar el Clínico.

Tengo una anécdota de las que se daban muy a menudo en el frente. A pesar de combatir en el mismo bando, los moros y los legionarios no nos podíamos ver unos a otros. Este caso que narro me ocurrió el ocho de diciembre, día de la Purísima, que es la fiesta de la infantería española a la que pertenece la Legión. Nos habían dado ese día rancho extraordinario y, nada más comer, otro legionario y yo salimos de los refugios a comprar unas velas, único alumbrado que podíamos usar en aquellos sótanos. Cuando el amigo Zoilo, que así se llamaba, trataba de comprar dichas velas, se abalanzaron sobre él dos moros, no sé si era para robarle o pegarle. Yo terminaba en ese momento de comprar a otro moro una botella de anís. Al darme cuenta de la agresión a mi compañero, golpeé con la botella a uno de los moros con tal fuerza que cayó rodando envuelto en sangre y en anís. En pocos minutos degeneró este pequeño suceso en una batalla campal entre legionarios y moros.

Gracias a los oficiales de ambas fuerzas, que en su totalidad eran españoles, consiguieron que se terminara la refriega disparando sus pistolas al aire. Estos casos eran frecuentes, ya que los moros eran muy traicioneros, sobre todo cuando estaban en mayoría.

En el Clínico pasamos las navidades del año 1937. No era costumbre que las banderas de la legión permanecieran muchos días en una posición determinada, ya que como fuerza de choque debíamos de estar siempre preparados para acudir donde fuese necesario. Sin embargo, allí estuvimos más tiempo por lo delicada que era la situación en esas fechas. Nuestros mandos no estaban dispuestos a perder ese enclave tan esencial como era el Clínico y había que defenderlo como fuera.

En el frente de Madrid tan solo había dos banderas móviles de la legión, por lo que tan pronto estábamos en un sitio como en otro. No había posición fija. Tras cada conflicto que se resolvía, marchábamos a los pueblos de las proximidades del frente. No es que fuéramos a descansar, todo lo contrario, íbamos a reponer bajas habidas y a continuar nuestros duros entrenamientos. No había tregua.

Por las mañanas, después del toque de diana, tocaba asearse y desayunar con la mayor rapidez. Después, para no enfriarnos, un cuarto de hora de paso ligero — íbamos en mangas de camisa aunque fuera en pleno invierno —. Luego, un breve descanso y, acto seguido, desfile y más desfile. A continuación, para no aburrirnos, ejercicios de despliegue simulando la toma de posiciones enemigas y, cuando llegaba la hora de la comida, ya casi no nos teníamos en pie. Por las tardes, teórica; montar y desmontar las armas, también limpiarlas hasta vernos la cara en ellas. Los del pelotón de los torpes repetían lo de desfilar hasta hacerlo como los demás. Y por fin, paseo — el que no quedaba arrestado por algún concepto —. Esas dos horas de paseo había que aprovecharlas al máximo, bebiendo y cantando en las tabernas, si es que las había, y el que era más decidido o agraciado, a entendérselas con alguna chica. Esto era posible si no surgía de improviso alguna llamada urgente y había que abandonar toda juerga y conquista. La guerra se hacía cada vez más dura.

En nuestras idas y venidas a los distintos pueblos de la provincia de Madrid y Toledo, hicimos muchas amistades. Para mí, una de ellas fue muy importante, ya que con el tiempo sería fundamental para mi vida tras la finalización de la guerra. Sucedió en el pueblo de Parla.

En este pueblo nos tocó hacer un paréntesis de descanso. Recuerdo que la comida nos la servían en plena carretera y, el primer día, al término de la misma, vi a un viejecito que iba recogiendo los medios chuscos o trozos de pan que había esparcidos por el suelo para meterlos en un saco. Sin decirle nada, empecé yo a coger trozos de pan y a introducirlos en el saco. El hombre, sorprendido, me dió las gracias y no tardamos en conversar. Me dijo que tenía muchas gallinas y conejos, también que era una oportunidad para él recoger esa comida antes de que se estropeara en la calle.
Desde el primer momento, me fue simpático e incluso le llevé el saco con el pan a su casa. Esto se repitió los días que permanecimos allí. Me presentó a su familia y de allí salió una amistad que duró hasta su muerte. Vivían con él Juana, una hija muy mayor, y Petrita, su nieta. A esta familia nunca la olvidaré. A él, desde el primer día, lo llamé «el abuelo de Parla».

Después de esa fecha volvimos varias veces al pueblo, ya que era uno de los más próximos al frente y la amistad surgida casualmente se fue intensificando cada día más. No tardó el abuelo en hablar con el capitán de mi compañía para que me dejaran pernoctar en su casa tantas veces como fuéramos al pueblo.

También por mediación mía, estuvo algún tiempo alojada en casa del abuelo la esposa del sargento de mi pelotón. Buen elemento el sargento Seco, antiguo legionario. Durante toda la campaña me protegió. Cuando por los motivos que fueran no podíamos ir al pueblo, él hacía lo posible para que pudiera ir a Parla. Los sábados, a llevar y traer la muda de ambos y regresar con abundante comida; de eso último se encargaba Juana, que era una estupenda cocinera.

En ese ir y venir, luchar y más luchar, llegamos al día 1 de abril de 1939, día en el que terminó aquella espantosa guerra que nunca debió de empezar. Qué pequeño es el mundo; casi tres años después de esa fecha, tuve la suerte de encontrarme en Rusia al ya brigada Seco. Posteriormente nunca más he vuelto a saber de él.

Ese mismo 1 de abril y en el mismo campamento, vi a un legionario de otra escuadra, Florentino Cívico, buen amigo mío. Llevaba el cuerpo lleno de tatuajes que yo le había hecho. También hubo en mi escuadra otro legionario, cuyo nombre ahora no recuerdo, al que también le entusiasmaban los tatuajes. Si a Florentino le gustaban los dibujos relacionados con el amor como señoritas o corazones, al segundo le atraían los toros y toreros, sus brazos y cuerpo eran un museo taurino.

Me enseñó a tatuar un buen amigo, un veterano legionario curtido por el sol africano, cuyo recuerdo llevo para siempre en mi brazo izquierdo. Precisamente, uno de los días en que me encontraba de ayudante con él, le cayó un proyectil de mortero encima y murió en el acto. A partir de ese día y a petición de los compañeros, me dediqué a tatuar y ya no lo dejé hasta que llegó mi licenciamiento.

Desde el día 1 de abril que terminó la guerra hasta primeros de julio, mi bandera estuvo haciendo servicios de vigilancia en Madrid. La 18 División a la que estaba acoplada como fuerza de choque quedó destinada en la capital para dar escolta al Generalísimo y a todo su Estado Mayor en los distintos desplazamientos que hacían, sin perder de vista los barrios de Vallecas, Carabanchel y Tetuán, donde aún quedaban francotiradores escondidos. Esta división la mandaba el coronel D. Joaquín Ríos Capapé, que pertenecía a Regulares y, aunque no sentía mucha simpatía por la Legión, se portó muy bien con nosotros.

Nuestros destacamentos, en ese periodo, fueron varios y distintos. Primero nos tocó en la Alameda de Osuna, seguidamente en Alcalá de Henares, después en Torrejón de Ardoz y, por último, en los cuarteles del Goloso. Desde estos puntos salía diariamente nuestra bandera a realizar los distintos servicios.

También tuvimos que soportar un entrenamiento fatigoso, ya que debíamos prepararnos para el primer desfile de la victoria que se iba a celebrar en la capital de España. Al ser nuestra bandera la única de la Legión que tomaría parte en el mencionado desfile, había que quedar bien ante un público que nos iba a ver por primera vez. El teniente general Saliquet, que mandaba todas las fuerzas que iban a desfilar ese día — más de trescientos hombres—, tenía puestos los ojos en la bandera; en dos revistas que nos hizo en el campamento había salido satisfecho por nuestra inmejorable preparación, y confiaba en el éxito en ese día tan esperado.

Nuestro coronel se sentía orgulloso de mandarnos, confiaba más que nadie en «estos mis legionarios», como solían decir cuando le hablaban de nosotros. Fue felicitado por el ministro del ejército, en aquel entonces teniente general Varela y, al terminar el desfile, también le felicitó el caudillo Franco. Cuando llegamos a Torrejón de Ardoz, nos prepararon una recepción por todo lo alto; esta fue a petición del fundador de la Legión, el general Millán Astray quien, durante el desfile, también nos colmó de elogios por el éxito obtenido.

No tardó mucho, después de esa fecha, en salir hacia África nuestra bandera. Al darnos la despedida, nuestro coronel estaba visiblemente emocionado. Qué distinto de su primer encuentro con nosotros, cuando nuestra bandera fue destinada a la división que él mandaba. Ya no era el mismo, había desaparecido aquella frialdad, lo mismo que su rigidez. Ya no había dureza en su semblante, ahora había bondad y compañerismo. Las huellas de la lucha habían calado en él como nos ocurrió a los demás.

Después de esa gran fiesta, seguimos prestando servicios mientras esperábamos nuestra salida hacia África, que no tardó mucho. El recorrido fue de Madrid a Algeciras, donde embarcamos hacia Ceuta en los primeros días del mes de julio de 1939. Después, nos dirigimos a Dar-Riffien, donde estaba entonces el cuartel de la 12 Legión. Esa maravillosa obra fue hecha en su totalidad por legionarios; no olvidemos que por dicho cuerpo pasaron ingenieros, arquitectos, aparejadores, delineantes, poetas, escritores y hombres de todas las clases sociales, e incluso «el Negus», rey de Abisinia. Allí todos éramos iguales. Fuera en la guerra o de puertas para adentro, todos éramos legionarios.

En los comedores, además del credo estaban escritas las canciones en letras grandes. En una de ellas, había una estrofa que decía: «nada importa su vida anterior». Ese era el lema. Todos comprometidos con ese credo que había que cumplir hasta morir.

Qué extraordinario compañerismo, nunca hubo más unidad entre hombres tan dispares de razas y religiones. Creo que a los que tuvimos la suerte de pertenecer a la Legión nos quedó un imborrable recuerdo.

EL NEGUS DE ABISINIA

En noviembre de 1930, Ras Tafari Makonnen fue proclamado negus o emperador de Abisinia — país que ahora recibe el nombre de Etiopía — bajo el nombre de Haile Selassie I. Educado por misioneros franceses y reformista, abolió la esclavitud y emprendió grandes reformas de las instituciones de su país hasta que la invasión italiana lo obligó a exiliarse a Gran Bretaña.

Abisinia era uno de los pocos países africanos todavía libres del dominio europeo. Como lindaba con las actuales Eritrea y Somalia, entonces colonias italianas, el territorio le servía a Mussolini para crear un bloque italiano en África oriental. La capital, Addis Abeba, cayó en 1936 y Mussolini, triunfante, proclamó a Víctor Manuel III emperador de Abisinia. No duró mucho la ocupación italiana y, en 1941, Haile Selassie I participó, junto a las tropas británicas y gaullistas, en la liberación de su patria.

Líder del tercer mundo y pionero de la unidad africana o panafricanismo, sobre su persona desarrollaron los rastafaris sus creencias religiosas tras pensar que Ras Tafari Makonnen era la reencarnación de Dios en la tierra. Para ellos, se cumplía por fin lo descrito en el último libro de la Biblia, motivo por el que lo veneraron como Dios desde el día de su coronación. Su muerte, en circunstancias muy poco claras y negada por la mayoría de los rastafaris, fue anunciada oficialmente en agosto de 1975.

En el tiempo que permanecí en lo que fuera entonces protectorado español de Marruecos, además de conocer las costumbres de las gentes, de las que ya teníamos una pequeña idea tras convivir tres años con ellos y soportar su suciedad, pude conocer varias ciudades y poblados. Los que me dejaron mayor recuerdo fueron los que siguieron dentro del territorio español: Ceuta y Melilla; y también, en Marruecos: Tetuán, Larache, Dar-Drius, Kahuen, Bab-Taza, Zoco el Árba, Nador, además de los cuarteles de Dar-Riffien y Tahuima, donde me licencié el 23 de enero de 1940, después de haber cumplido mis tres años de legionario.

DAR-RIFFIEN

A seis kilómetros de la ciudad española de Ceuta, en la carretera de Tetuán, se encuentra el antiguo cuartel de Dar Riffien, usado por la Legión Española hasta 1961. Construido entre 1923-1927, el cuartel contaba con numerosas estancias: dormitorios, comedores, bibliotecas, aulas y espacios cómodos.

A partir de 1928 se constituyó en bandera de depósito, lugar donde llegaban los reclutas para ser instruidos y de donde salían en busca de las banderas o unidades donde eran destinados. También era un lugar de descanso para los legionarios que habían pasado varios meses en campaña o para los que esperaban el licenciamiento, tras cumplir el compromiso. Desde este lugar se forjaron los mejores momentos de la historia del cuerpo, cuando Millán Astray y Franco organizaron las unidades para los combates en la Guerra de África.

Allí conocí sitios de gran renombre que aún estarán grabados en la mente de muchos españoles, pues allí perdieron hijos y hermanos en una lucha feroz como fue la guerra de África. Y allí fue el primer bautismo de sangre de la Legión, donde cayeron infinidad de legionarios en las célebres cábilas o casas morunas, en las que si no era fácil entrar durante aquella guerra, lo mismo sucedía después al llegar la paz. Los moros eran traidores y al mismo tiempo desconfiados, por eso era tan difícil pisar en sus cábilas.
Después de todas estas odiseas, volví a la patria chica, siempre pensando si había valido la pena nuestro sacrificio. Llegué a Serradilla sin pena ni gloria, como la mayoría de los que tuvimos que pasar por aquel trance. Se derramó mucha sangre por ambos bandos.

Al volver a mi pueblo y encontrarme solo, me alojé en casa de una hermana de mi difunto padre: mi tía Rufina. Tenía cinco hijas y su marido, tío Juan, estaba delicado de salud. Yo trabajaba donde podía y le entregaba casi todo lo que ganaba. Cuando no hacía nada, me dedicaba a la pesca y, al empezar la siega, me iba con tío Miguel Lindo, hermano de tío Zacarías.

Cuando estábamos en plena siega de la cebada, se le casó una hija a mi tía Rufina: Victoria, de nombre. Al no haber perdido contacto con el abuelo Juanito de Parla — nos escribíamos regularmente desde que terminó la guerra —, le pedí a mi tía que lo invitara a la boda de Victoria, y ella aceptó muy gustosa.

Al abuelo y a Petrita mi invitación les causó alegría y no dudaron en venir a conocer mi pueblo, del que tantas veces les había hablado, y a visitar al mismo tiempo al Santísimo Cristo de la Victoria, una milagrosa imagen muy famosa en la comarca. Se alojaron en casa de tío Zacarías, pues la casa de mi tía era demasiado pequeña incluso para los que ya vivíamos allí.

Mi tía había invitado a la boda a mis amigos con la condición de que yo le diera la harina que me había tocado por la venta de la casa familiar. De la finca me correspondían tres cuartas partes de las cuatro que debía repartir con mi madrastra. Al final se hicieron dos partes, una para cada uno. La que me correspondió a mí se la entregué a tía Rufina, como le había prometido.

Hoy me alegro de eso que hice con mi tía — quizás la Divina Providencia pusiera las cosas de esa manera para que cambiara por completo mi destino — pues mis amigos, nada más ver mi situación personal, me invitaron a ir a su casa hasta encontrar otra cosa mejor para mí. Yo acepté gustosamente su invitación y les dije que me iría con ellos en cuanto terminara de segar.

Me marché a Parla, donde fui bien recibido por toda la familia del abuelo. En su casa permanecí hecho un señorito hasta que en noviembre de ese año ingresé como peón en la subsidiaria de Campsa de Calatayud. Este trabajo lo conseguí por mediación del abuelo y sus amistades, no por mis méritos de excombatiente, que era lo habitual y justo en aquellos tiempos.
Entre esas amistades del abuelo Juanito estaba la del entonces comandante de artillería de Estado Mayor, D. Francisco Javier Echánove de Guzmán, que era íntimo amigo de esta familia, y al que ya conocía por haber estado destinado como capitán de Estado Mayor en el puesto de mando de la Columna que mandaba el coronel Tella, mi primer jefe de la Legión.

Tras la guerra, el Sr. Echánove visitaba muy a menudo a esta familia. Cuál no sería su sorpresa al encontrarme en casa del abuelo. Desde el primer momento tomó gran interés en encontrarme un trabajo. Primero me empadronaron como vecino de Madrid, que era algo difícil en aquella época. Luego consiguieron que ingresara como peón en la Compañía Arrendataria del Monopolio de Petróleos S.A. En ese puesto de trabajo permanecí hasta el primero de mayo de 1941, día en que me concedieron, también por su influencia, una plaza de ordenanza dentro de la misma empresa, la agencia de Campsa en Cuenca.

Capítulo III. La División Azul

Las cosas no me podían ir mejor desde la salida del pueblo. Pero no permanecí mucho tiempo en la capital ya que, a primeros de julio, dos meses después de mi llegada, me marché voluntario al frente ruso con la primera expedición de la División Azul.

Mi aventura como voluntario en Rusia no tuvo una motivación ideológica, sino económica. En Calatayud me sentía feliz. Con mi primer puesto de trabajo después de abandonar Serradilla, ganaba 300 pesetas al mes como peón y pagaba 180 de pensión, con lo que aún me sobraban 120 para disfrutar de la vida. Sin embargo, al llegar a Cuenca y pasar a ser ordenanza, las cosas cambiaron. Por un lado, ya no era un obrero manual, estaba dentro de la categoría de subalterno y por tanto, para cobro y vacaciones, era un empleado dentro de la categoría. Me dieron uniforme y estaba mejor considerado; sin embargo, en el nuevo destino cobraba 270 pesetas al mes y pagaba 300. Me faltaban 30 pesetas. El abuelo Juanito prometió ayudarme hasta que las cosas mejoraran, pero a mí me generó una gran inquietud estar en esa situación hasta tal punto que se convirtió en una pesadilla que me atormentaba. Aguanté mientras me duraron los pocos ahorros que tenía.

Cuando pidieron voluntarios para la División Azul, me marché en contra del buen parecer de las personas que me conocían y me tenían afecto. Esta decisión no les gustó especialmente a mis protectores y amigos: el abuelo Juanito y el Sr. Echánove. No les consulté nada y, cuando les di la noticia, ya no estaba en España. Obré muy a lo loco. Me había salvado de una guerra en la que había combatido durante tres años y no se me ocurrió otra cosa que irme voluntario a un destino desconocido que, con el paso de los días, se convertiría en un infierno.

La salida fue desde Cuenca, a primeros de julio de 1941. Pasamos por Madrid, Guadalajara y Zaragoza. En esta última ciudad esperamos varios días hasta que se formó el batallón de marcha. Esta unidad estaba compuesta, en su mayoría, por aragoneses y conquenses. El día que partimos confesamos y comulgamos, todo el batallón, en el templo del Pilar. Tras salir de Zaragoza, pasamos por Pamplona y San Sebastián, y el día 16 de julio de 1941, cruzamos la frontera por Irún-Hendaya. Allí, una banda de música alemana interpretaba los himnos nacionales de ambos países. Después, ducha, desinfección de ropas y vacuna. A las dos de la tarde partimos en un tren francés hacia el norte, dando nuestro último adiós a España.

En ese largo recorrido pasamos por un sinfín de ciudades francesas: Hendaya, Biarritz, Dax, Burdeos, Pitres, Tours y Orleans. Cruzamos el Marne y el Saona, célebres ríos en las dos guerras mundiales del siglo por las grandes batallas que se libraron en sus entornos. Hicimos una larga parada en Burdeos. Nos dieron de comer en la estación de Troyes y, después, partimos hacia Briançon y Bologne, cerca de la frontera alemana. El día 18 de julio llegamos a Lunéville. Después, a Saarburg en Alsacia, entonces alemana, y a Estrasburgo. Y al otro lado del Rin, en la ciudad de Kehl, nos hicieron un gran recibimiento con chicas dándonos flores y tabaco.

Todo el recorrido lo hicimos en tren. Nuestra presencia en ese país no fue bien recibida por la población francesa, lo cual no era de extrañar, ya que íbamos en ayuda de sus enemigos invasores, los alemanes. Las gentes nos miraban con desprecio y, a veces, nos insultaban. Aunque nosotros no teníamos nada contra ellos, el simple hecho de cruzar su territorio los indignaba. El General Franco poseía la más alta condecoración francesa, concedida por uno de sus gobiernos y, además, era amigo íntimo del viejo mariscal Petain que, en aquellos momentos, regía los destinos del ya vencido pueblo francés.

Tras entrar en territorio alemán, después del recibimiento de Kehl, seguimos hacia Karlsruhe, Baden-Baden, pasamos por Wirsberg y después por Nuremberg, y, ya de noche, a las 8 del día 19, habíamos pasado Stuttgart y Welden. El día 20 de julio, domingo, descansamos. Del 21 al 26 hicimos instrucción todos los días. En esa fecha nos entregaron las bicicletas con las que nos desplazaríamos en muchas ocasiones. El 27 nos dieron el uniforme alemán y, el día 1 de agosto, hicimos la promesa de fidelidad y lealtad a la Bandera alemana mientras permaneciéramos en su ejército.

El acto, que se realizó en una inmensa explanada con otras unidades alemanas, fue de una solemnidad emocionante. El desfile de banderas y la arenga de nuestro general Agustín Muñoz-Grande sobre el alcance de nuestro cometido nos ilusionó a todos. Ese mes, hasta la salida hacia el frente, fue de instrucción y marchas con ejercicio de fuego real. Por equivocación en los ejercicios de tiro, el día 13 murió un soldado de nuestra compañía, Luis Sáez —fue el primer caído de la División Azul —. A todos nos entristeció que sus ilusiones de ir a combatir el comunismo se vieran truncadas antes de llegar al frente.

Nuestro recibimiento en Alemania fue fabuloso, lo mismo en ciudades que en pueblos. Nada más llegar al campamento de Grafenwöhr, nos cambiaron el uniforme caqui que nos habían dado en Zaragoza por el del ejército alemán que usaba la infantería

Wehrmacht. Allí, al entregarnos el armamento, volví a recibir al inolvidable compañero que tuve durante toda la Guerra Civil Española: un fusil ametrallador y una pistola nueve largo. Esos serían mis fieles amigos en toda mi campaña en el frente ruso en aquellas estepas, primero heladas y después cubiertas de fango y barro.

LA WEHRMACHT

La Wehrmacht es el nombre utilizado en alemán para designar a las fuerzas armadas de la Alemania nazi desde 1935 hasta 1945. El comandante en jefe de la Wehrmacht fue Adolf Hitler, en calidad de jefe de estado de Alemania, cargo que consiguió después de la muerte del presidente Paul von Hindenburg en 1934. En esa fecha, el régimen nacionalsocialista decidió disolver la Reichswehr — defensa imperial — para rebautizarla y reorganizarla como Wehrmacht. La nueva armada estuvo compuesta, inicialmente, por tres ramas: el ejército (Heer), la armada (Kriegsmarine) y la fuerza aérea (Luftwaffe), a las que se sumó, en los años cuarenta, la Waffen-SS — el brazo armado de la organización paramilitar del Partido Nazi, las SS —.

Durante la Segunda Guerra Mundial, la Wehrmacht logró victorias épicas en diversos escenarios, derrotando a los ejércitos europeos con relativa facilidad. Su suerte cambió al intentar la invasión de la Unión Soviética: inicialmente, la Wehrmacht logró contundentes éxitos pero los soviéticos resistieron, evitaron la caída de Moscú y Stalingrado — actual Volgogrado — y, en 1943, las fuerzas de la Wehrmacht iniciaron el retroceso hasta Alemania, donde fueron derrotadas después de la caída de Berlín en 1945. Más de 18 millones de soldados sirvieron en la Wehrmacht.

El poco tiempo que duró el ciclo de instrucción y adiestramiento nos permitió conocer algunos pueblos y ciudades bonitas en nuestro entorno. Una ciudad que no olvidaré fue Nuremberg. Además de ser famosa por sus industrias de juguetería lo era también por ser el lugar originario del nacional socialismo alemán que fundara Adolf Hitler, y por ser el escenario escogido — una vez acabada la guerra — por los aliados para juzgar por crímenes de guerra al gobierno alemán y a sus más altos dirigentes.

El día 22 de agosto comenzó a salir nuestro batallón hacia el frente ruso en ferrocarril. El 23 embarcó nuestra compañía por la noche, pasamos por Plauen, Reichenbach, Zwickau, Graudenz, Chemnitz, Leipzig; al atardecer, llegamos a Berlín. Allí paramos en un muelle de mercancías y nos dieron la cena. El no poder ver ni siquiera la estación nos desilusionó. Todo estaba a oscuras por temor a los bombardeos de la aviación inglesa. El tren atravesó kilómetros y kilómetros de vías y estaciones con mucho personal. Cruzaban trenes de todas clases, el tráfico era intenso y los edificios próximos se vislumbraban muy grandes. Daba la impresión de que estábamos rodeando Berlín. Vimos algunas calles y tranvías con luces amortiguadas y, al fin, salimos de nuevo al campo sin conocer más la capital del Tercer Reich.

El día 25 seguimos hacia el este, pasamos por Schneidemühl, Könitz, y llegamos a Polonia. El terreno era todo llanuras verdes y bosques. Seguimos por Grudziadz, al sur del pasillo de Danzig, y cruzamos el puente de más de un kilómetro de largo sobre el río Vístula. Siguiendo por la frontera polaca, al llegar la noche pasamos hacia Prusia Oriental. Al día siguiente pasamos por Suwalki, Polonia, para descender hasta Grodno, ya en territorio ruso. Esta ciudad de 52.000 habitantes tenía un 80% de población judía. Allí paramos hasta el día 28, cuando comenzaron las marchas.

La población alemana, a pesar de la encarnizada guerra que mantenían sus tropas, se sentía con una moral increíble. Estaban contentos y nadie pensaba que iban a perder la guerra. El pueblo parecía vivir bien con Hitler; les había sacado de la miseria en que habían estado sumidos durante años, y se sentían en deuda con él por el bienestar y el progreso alcanzados. Desde el día 27 de agosto hasta el 6 de octubre de 1941, las marchas de aproximación de la División Azul, desde Grodno hasta Orcha, siguieron en dirección al este por la carretera de Minsk-Smolensk-Moscú. Las etapas venían a ser de unos 200 kilómetros cada seis días, a unos 40 km por jornada y, el sexto día, descanso. Siempre parábamos fuera de la autopista y a cubierto de los árboles próximos por razones de seguridad.

LA POBLACIÓN JUDÍA DE GRODNO

Los soldados españoles vieron pronto las consecuencias del antisemitismo nazi cuando en el verano de 1941, los 17.000 voluntarios que integraban el contingente de la División Azul que caminaban desde Suwalki hasta Vitebsk, pasaron por localidades con importante presencia judía, entre las que destacaba Grodno. En el comienzo de la guerra, Grodno formaba parte de Polonia oriental, pero entre 1939 y 1941 fue ocupada por la Unión Soviética. Era una zona de frontera en la que convivían polacos, bielorrusos y lituanos, muchos de ellos judíos. La próspera comunidad judía — cuyo origen se remontaba al siglo XIV, cuando la ciudad formaba parte del Gran Ducado de Lituania — ascendía a casi 60.000 habitantes y era un reconocido centro del sionismo.

Al poco tiempo de la ocupación alemana de Grodno, casi la totalidad de la élite judía desapareció misteriosamente. Al resto los obligaron a llevar el brazalete con la estrella de David y los utilizaron como mano de obra esclava. También fueron frecuentes las redadas que acababan en fusilamientos al azar. Llegado el otoño, los alemanes ordenaron el establecimiento de dos guetos, el A para trabajadores cualificados y el B para los judíos no productivos.

Nadie en los guetos pensaba que se producirían las deportaciones a los campos de exterminio, porque creían que su trabajo era necesario para la guerra. Sin embargo, los dos guetos fueron liquidados entre noviembre de 1942 y marzo de 1943, y solo una exigua minoría consiguió sobrevivir. Actualmente, la población judía de Grodno es del 0,1 %.

Nuestro batallón iba en cabeza de la división y de nuestra compañía, teniendo que soportar la dureza de la marcha. El día 6 de octubre, mi compañía recibió la orden de dar marcha hacia atrás cuando ya estábamos a las puertas de Smolensk, muy cerca de Moscú. Tuvimos que desandar lo andado y, enseguida, surgió una canción que decía así: «En España se han creído que marchamos hacia Ucrania. Si seguimos esta ruta, terminamos en Finlandia». Lejos estábamos todos de suponer que, efectivamente, en el verano de 1942, nuestras unidades marcharían hacia Leningrado y hacia el lago Ladoga, en la frontera con Finlandia.

El día 9 de octubre llegamos a la ciudad de Vítebsk, que además de ser muy grande contaba con un enorme aeropuerto donde la aviación alemana desplegaba mucha actividad. Ya nevaba abundantemente día y noche, la temperatura no era la misma. Nuestros cuerpos, agotados por el cansancio de las marchas, sufrieron ese cambio. Nos alojamos en los arrabales hasta el día 10, cuando embarcamos en tren con dirección a Nóvgorod, la capital religiosa de Rusia, a orillas del Lago Ilmen y del río Vóljov. Allí empezamos a conocer al que sería nuestro peor enemigo: el frío.

A nuestro paso por Polonia y la llamada Rusia Blanca, la actitud de la población fue hostil. Solo encontramos amigos en Lituania y, posteriormente, en Letonia y Estonia. Países que sintieron como un alivio la llegada de los alemanes al haber sido previamente anexionados por la Unión Soviética.

El día 12, fiesta del Pilar, la 11 y 12 Compañía del 3 Batallón del 263 Regimiento partimos hacia Nóvgorod, con dos días de retraso por un ataque de la aviación rusa. Por esa causa llegó antes que nosotros toda la división a Nóvgorod y al río Vóljov, relevando, nada más llegar, a la 126 División alemana. A nuestra llegada, nos dejaron de reserva en la zona de Lechino, al oeste de Nóvgorod, muy cerca de donde se encontraban el cuartel general de nuestra división y el hospital de campaña de Grigorowo.

El día 17, los capitanes del batallón y el comandante Suárez, jefe del mismo, marcharon a Nóvgorod a reconocer el frente. El día 19 dispusimos el ataque; ya estaba en línea el resto del Regimiento 263. Se atacaría por el norte de la capital para romper el frente en dirección a Moscú. Pero la suerte no estuvo de nuestra parte y hubo que suspender las operaciones por culpa de una gran nevada.

En la madrugada del día 20, al fin, nuestra compañía salió de Lechino, en las bicicletas, por la carretera de Novgorod-Leningrado, con todo el equipo de combate. Hacía mucho frío. Cuando ya habíamos recorrido 40 km, en la orilla misma del río Vóljov, en dirección a Udarnik, la artillería enemiga nos descubrió y, en la huida, abandonamos las bicicletas. Como no dejaban de disparar, tuvimos que pasar el río, de noche, en barcazas de goma. Según seguía el bombardeo de la artillería rusa seguían también produciéndose bajas al cruzar el río. Después del hundimiento de algunas barcazas y tras desembarcar, el asistente del teniente de mi sección pisó una mina y saltó por los aires. Toda la orilla del río estaba minada y, con la nieve, era difícil localizar las minas. Mi capitán resultó herido y a mí también me alcanzó la metralla, pero no hice caso a mis heridas y seguí el avance. No eran momentos de dudas y ser evacuado aún era más difícil.

Con nuestra compañía pasó también la 9, que mandaba el capitán Campano. Al día siguiente, la cabeza de puente se consolidó a orillas de los pueblos de Smeiko y Sitno, donde nuestra sección quedó enlazada con los alemanes por unos días. Las fuerzas alemanas eran blindadas y habían retrasado su avance debido a la nieve caída.

A nuestra llegada, a nuestro capitán le esperaba el coronel Martínez Esparza, que mandaba el Regimiento 269, con un capitán del Estado Mayor, para preparar el paso de las unidades que acabábamos de llegar. El día 21 de octubre ampliamos la cabeza de puente con avance hacia el sur, llegando al norte de Sitno por la orilla este del río. El día 22 ocupamos los pueblos de Russa y Sitno, y el 23, rechazamos un ataque enemigo. El 26, golpe de mano en la zona del molino por parte de nuestra compañía con gran éxito. El 27, ataque enemigo rechazado. Mi sección retrasó el avance para guarnecer Sitno y no se incorporó al resto de la compañía hasta el día 30.

Para que recordáramos lo que en verdad es la guerra, nos tenían reservada una posición a las afueras del pueblo: Nitlikino. A los que nos tocó defender la posición durante los 40 días con sus largas noches que duró la batalla, nunca se nos olvidaría ese nombre.

Capítulo IV. Nitlikino

Día 31 de octubre. Nada más llegar, los rusos nos dieron la bienvenida con un fuerte ataque. Estos se sucederían casi a diario durante cuarenta días. El día 2 nos atacaron de nuevo e intensificaron el asedio a otra posición, lugar que decidimos llamar casas aisladas — un pueblecito pequeño a poca distancia del río Vóljov, en medio de un espeso bosque —. Los defensores de esta posición sufrimos los mayores ataques y el mayor castigo, y aunque nos dieron unos días de respiro, el 9 volvieron de nuevo a la carga, no sin antes machacarnos con la artillería y los morteros. Centenares de hombres se lanzaron al ataque sobre nuestras posiciones. Los rusos estaban enfurecidos y, ante el fracaso, volvieron los días 12, 13, 14 y 15, y no solo sobre Nitlikino, sino que al mismo tiempo lo hicieron sobre los pueblos de Possad, Schewelewo y Otenki, con un despliegue de fuerzas jamás conocido hasta entonces por nosotros.

Su propósito era aniquilarnos. Llegaban ebrios de Vodka gritando su característico: «Hurra Spanien Kaputt», y las bajas que sufrían no les importaban. En cada ataque dejaban el campo cubierto de cadáveres. En fechas anteriores, hacían sus ofensivas indistintamente en uno u otro pueblo, pero después se ensañaron con todos al mismo tiempo. Los días del 20 al 27, los pasamos sin descanso ni tregua. El 30 atacaron Nitlikino, Possad y Dubrovka. El día 3 de diciembre, también le llegó el turno a Tigoda. Y el 4 atacaron a todos los que conformaban la cabeza de puente. Aquello se había convertido en un auténtico infierno. Por nuestra parte, las bajas eran muchas. Los muertos se amontonaban y permanecían donde habían caído, ya hechos un témpano de hielo. A los heridos era imposible evacuarlos y menos aún curarlos.

Durante aquellas fechas, sufrimos una hecatombe. No dormíamos, no comíamos, y nuestros cuerpos ya no podían resistir más. En el pueblo y en las casas aisladas de Nitlikino no quedaba población civil. Solo estábamos allí los militares españoles, que poco a poco íbamos siendo diezmados. Los muertos se quedaban en sus puestos sin enterrar. Sus cuerpos se amontonaban sobre los parapetos, al lado de sus armas y en el mismo sitio donde habían caído, de modo que nos protegían de las balas enemigas. Los estuvimos viendo día y noche hasta darles nuestro último adiós al abandonar aquel infierno.

Llegó un momento en que Nitlikino solo era un montón de escombros con hombres viviendo como topos bajo las ruinas. Cuando los rusos se lanzaban al asalto sobre nuestras posiciones, después de machacarnos con la artillería y los morteros, debían pensar que era imposible que quedara allí un ser viviente. Y cuando pensaban que la posición estaba limpia, aparecían los fantasmas de entre las tinieblas formadas por el humo y la pólvora. Fantasmas sucios y demacrados.

Allí, las luchas fueron feroces y desiguales, a veces cuerpo a cuerpo. El enemigo era superior en hombres y en armas, les favorecía el terreno y el clima, llevaban mejores ropas que nosotros para aguantar aquellas temperaturas y, además, estaban acostumbrados a ellas. Por si todo eso fuera poco, sus posiciones se encontraban dentro de un espeso bosque y, las nuestras, en medio de un claro.

En esa parte de Rusia, todos los pueblos que se encontraban en medio de los bosques tenían un semicírculo de más de un kilómetro, limpio de árboles, para sembrar lo poco que crece en esa tierra: «kartoshkas» — como oíamos que ellos llamaban a las patatas — maíz y alguna legumbre. Debido a esa situación, éramos un blanco fácil y nos tenían localizados a todas horas. Interceptaban nuestros suministros y, cuando menos lo esperábamos, se arrastraban en la oscuridad para sorprendernos en cualquier momento. Por tal motivo, no era conveniente soltar ni un instante las armas de la mano. Noche y día con el correaje puesto, sin poder dormir ni casi comer.

Creo que hubo veces que uno no sabía si era un ser humano o una fiera salvaje tratando de defender su vida como fuera. Del inmenso frente que cubría nuestro sector, tuve la mala suerte de estar en la peor zona, donde más bajas hubo. Los muertos se amontonaban por doquier. A los que habían caído en las trincheras, al quedar en pocos minutos congelados ya no se les podía mover y no había más remedio que pasar por encima de ellos continuamente. Los que caían heridos en el fragor de la batalla no podían recibir atención médica; la mayoría morían.

Nunca olvidaré las horas que pasó llamándome uno de los cabos de mi escuadra, Regino Galán. Se encontraba cumpliendo el servicio militar en Zaragoza y, cuando pidieron voluntarios para ir a la División Azul, se alistó como lo hicimos otros muchos españoles. Fue el primer cabo que tuve, un chico de Salamanca estupendo que todo lo que tenía de corpachón y fuerte lo tenía de buena persona. Pronto hicimos una buena amistad; desde el primer momento le caí bien porque le encantaba tener en su escuadra a un exlegionario ya conocedor de la guerra, veterano de tres años de luchas y batallas en infinidad de combates. El día que cayó herido y murió, nuestro pelotón se componía de diez hombres: un sargento, dos cabos y siete soldados.

Veníamos de ser relevados de la maldita posición

porque ya solo quedábamos nosotros dos allí y, al mismo tiempo, porque necesitábamos reponernos un poco del agotamiento de días pasados. Nuestro descanso duró poco; la posición que habíamos dejado dos días antes fue cercada por los rusos y hubo que volver precipitadamente a ayudar. De los cincuenta hombres que la defendían, cuando nosotros logramos romper el cerco y penetrar en ella, ya solo quedaban diez operativos. Con lo que pudo recoger nuestro capitán, entre cocineros y asistentes, salimos en su ayuda al mando de un alférez y, después de una lucha feroz, conseguimos romper el cerco y salvarlos.

El cabo Regino había cogido un fusil ametrallador, a pesar de no ser tirador del mismo, y yo cogí el mío como siempre. Nada más entrar en la posición colocamos ambos fusiles juntos, ya que solo contábamos con la ayuda de un proveedor para los dos. También nos interesaba estar juntos; si volvían a infiltrarse los rusos dentro de la posición, lo harían con sus bayonetas caladas en sus fusiles — estando tres hombres sabríamos defendernos mejor —.

El sitio escogido por nosotros para la defensa no era muy bueno, pues estaba sumamente castigado por ser el más propicio para volver a penetrar. Poco duró nuestra alegría; pronto fue alcanzado mi compañero y buen amigo por una ráfaga de ametralladora que lo hirió de gravedad. Aún no había amanecido. El proveedor y yo lo metimos en un refugio que había al lado junto con otros heridos, aunque sin poderlo curar ya que el enemigo seguía avanzando hacia nuestras posiciones. En aquellos momentos, por nada del mundo podíamos abandonar el puesto, si lo hacíamos peligraban nuestras vidas. Además, contábamos con que alguien vendría a curarlo a él y a los otros heridos, pero nadie se presentó.

Fui a verlo cuantas veces me fue posible ante la insistencia de sus llamadas. Muchas fueron las veces que pronunció el nombre de Recuero, pero su buen amigo no pudo hacer más que consolarlo y darle ánimos diciéndole que eso que tenía no era nada. Sin embargo, desde el primer momento supe, tras observar donde tenía las heridas, que no se salvaría. Había recibido una ráfaga en un costado y la pérdida de sangre fue enorme. A las pocas horas dejó de llamarme. Temiéndome lo peor, me acerqué al refugio y, con pena, vi que aquello que horas antes fuera una pequeña enfermería improvisada se había convertido en un cementerio. Ya nadie se quejaba, no había lamentos, ni súplicas, aquellos infelices habían dejado de existir.

Así es la guerra. La posición se había reconquistado y salvado, pero ellos no, y los que allí quedamos esperábamos seguir el mismo camino. En ese escenario, imposible salir con vida. Nadie podía ayudarnos y cada vez éramos menos. Por si esto fuera poco, nos colocaron una ametralladora muy cerca, estratégicamente camuflada y, si no la eliminábamos lo antes posible, supondría la muerte segura de los pocos que quedábamos en la posición. El alférez que nos mandaba pidió voluntarios para la operación, pero no se podían arriesgar más de dos vidas. El sargento se presentó y yo hice lo mismo. A mí no me dejó porque era el único entre los soldados que lo mismo manejaba un fusil ametrallador que, llegado el caso, una ametralladora. Tanto fue así que nunca tuve un puesto fijo. Las armas automáticas sobraban, lo que hacía falta eran tiradores que las supieran manejar.

Estas armas estaban convenientemente instaladas para solo ser utilizadas cuando viniera el enemigo. A pesar de la negativa del alférez, me fui con el sargento y, arrastrándonos entre los muertos del propio enemigo, que eran centenares, logramos situarnos detrás de donde se encontraba la máquina instalada. Con dos ráfagas simultáneas de nuestras metralletas quedaron eliminados sus servidores. No conformes con acabar con ellos, le llevamos a nuestro jefe el cañón de la misma máquina.

El día 5 de diciembre seguimos luchando sin descanso ni tregua. Esa noche caí herido por la metralla de un mortero. El 6, de madrugada, conseguí salir de la maldita posición de las casas aisladas. Me llevaron al hospital de campaña que había en Grigorowo, donde fui intervenido quirúrgicamente y, después de pasar allí una noche, fui evacuado al hospital que había en la ciudad de Vilna, en Lituania. Estando en el hospital, por otros compañeros supe que todos los pueblos de la cabeza de puente habían sido abandonados y que nuestras fuerzas se encontraban en la orilla opuesta del río Vóljov. El día 8 de diciembre, los hombres que quedaban de los cinco batallones que habían cruzado el río se habían retirado de la cabeza de puente sin que se enterase el enemigo. El promedio de bajas fue superior al 80% contando muertos, heridos y congelados. En la sección 24 de la 11 Compañía del 3 Batallón, Regimiento 263 del teniente Pintado, a la que yo pertenecía, de 47 hombres en total tuvimos las siguientes bajas: el teniente herido grave, 2 sargentos muertos y 1 herido, 11 soldados muertos, 17 heridos y 10 congelados; un total de cuarenta bajas, el 83%. En esas fechas, la temperatura era de 30º bajo cero.

A mi regreso del hospital en vísperas de Navidad, encontré que mi batallón estaba instalado en el pueblo de Gorka, en la orilla opuesta del río Vóljov. Allí se quedaron después del repliegue de la cabeza de puente. El día 24 de diciembre hubo un golpe de mano enemigo. Fue la primera vez que trataron de molestarnos y, además, por sorpresa. El intento de filtración lo realizaron por el lugar donde otro compañero y yo hacíamos un puesto de escucha, pero tuvimos la suerte de descubrirlos cuando se nos acercaban arrastrándose sobre la nieve.

Al descubrirlos, y conociendo la intención que llevaban de cogernos vivos, por señas le indiqué a mi compañero que me siguiera sin hablar. Les dimos a entender que huíamos y cayeron en la trampa. A nuestro lado, cerca de donde estábamos haciendo el puesto de escucha, una unidad de zapadores alemanes construía un fortín. Tenían centinelas propios durante el tiempo en que realizaban su trabajo, y solían marcharse antes de ser de día. Nada más retirarse esas fuerzas, aparecieron los rusos y les hice creer que iba al fortín donde hubiera sido presa fácil. Mientras ellos se dirigían al mismo, a nosotros nos dio tiempo de poner en estado de alerta al resto de nuestras fuerzas.

A la mañana siguiente, después de varias horas de lucha, se entregaron los enemigos que quedaban con vida. La nueva posición en la que nos encontrábamos, en Gorka, era distinta a la anterior y más segura. El pueblo estaba situado en lo alto de una colina, con gran visibilidad y sin un solo árbol en varios metros a la redonda, por lo que de día era difícil ser sorprendidos.

Al no haber una línea de frente continua, se montaban puestos de escucha hasta el pueblo más próximo, y ese día nos tocó a nosotros hacer ese peligroso servicio. Los rusos venían camuflados de blanco para no ser distinguidos de la nieve, cosa frecuente en aquellos parajes. Yo estaba agachado cuando hicieron acto de presencia, ya casi en nuestras narices, y faltó muy poco para que nos cogieran. Mi confiado compañero, estando de pie, no los había visto. Hacía pocos días que había venido de las cocinas y nunca pensó que esas cosas pudieran suceder en la guerra. Me decía después que había visto cosas, pero que creyó que eran unos árboles que había más allá del río. Estaría dormido. Como era tanto el frío que teníamos durante el tiempo que duraba la escucha, nos turnábamos el uno de pie y el otro, acurrucado, envuelto siempre en una manta.

En esas fechas las temperaturas estaban por debajo de los 30º bajo cero y los abrigos no eran bastante para soportar aquel gélido clima. Coincidió que cuando la mayoría de nosotros ya estábamos al borde de la congelación, se estaban entregando los últimos prisioneros. Aproveché para cambiarle a uno de los rusos prisioneros sus «katiuskas» por mis botas. No es que lo hiciera por su voluntad, la amenaza de mi pistola fue suficiente. En esos momentos ya no sabía si tenía pies o no. Aquel cambio de mis botas por las «katiuskas» del ruso fue providencial, ya que supuso para mí un alivio enorme durante el resto del invierno. Dejé de preocuparme por mis pies por mucho frío que hiciera. No vi cosa mejor en esas tierras donde la nieve cae al suelo hecha hielo.

El día 28 de diciembre, las fuerzas españolas del sector norte, nuestro batallón entre ellas, fueron relevadas por unidades alemanas de la 126 División. A nosotros nos trasladaron en camiones al bosque oeste de Nóvgorod, cerca del Lago Ilmen, para descansar y reorganizar las diezmadas unidades, en especial las de la cabeza de puente. El día 30 del mismo mes, a dos fechas de este relevo y sin esperarlo, 7 divisiones rusas de invierno, bien equipadas, atravesaron el cauce del helado río Vóljov, precisamente por la zona que habíamos dejado nosotros, y rompieron el frente. Sus tanques pesados penetraron profundamente en las líneas alemanas y crearon una cabeza de puente al norte mismo de donde se encontraba la División Azul. Pero esa vez tuvimos suerte los españoles.

El día 1 de enero de 1942, nuestro capellán, el padre Indalecio, celebró la Santa Misa para todo nuestro batallón en el pueblo de Lechino. Hacía mucho frío. El observatorio de nuestra artillería comunicó la temperatura: 42º bajo cero. La misa se celebró en una gran cuadra de la que acababan de salir todos los caballos de la artillería para marchar hacia el Norte contra la cabeza de puente rusa. Junto con el comandante Suárez Roselló, oímos la misa 80 hombres de los 891 que llegamos el 20 de octubre.

En ese pueblo de Lechino permanecimos varios días. Había bastante población civil, en especial mujeres y ancianos. Había muchas chicas jóvenes y lo pasamos muy bien. Por aquellas fechas nos habían dado los aguinaldos de Navidad: de España, Finlandia y Alemania. Ese fue un motivo importante para que las gentes se congraciaran con nosotros. Por las tardes celebrábamos bailes y nos olvidábamos un poco de los tiros. Por las mañanas, ayudábamos a quitar la nieve de las puertas de las casas o isbás, como ellos las llamaban, ya que las ventiscas de la nieve caída por la noche obstruían su entrada hasta taponar las puertas.

Estando en ese pueblo, un día me llevaron a una casa en las afueras, donde se podían tomar saunas. Yo no lo había hecho nunca, pero ni corto ni perezoso me animé y participé junto con unos compañeros. Aquello fue algo grande. Nunca había sudado tanto en mi vida. Por esa parte de Rusia abundaban esas casitas hechas para tal fin; las llamaban saunas finlandesas, ya que su uso procedía de allí. Primero pasé un mal rato pero después me alegré de haberlo hecho. Desnudos por completo, primero tomamos un baño en seco, en una cámara calentada de antemano; después, tras haber vertido agua sobre unas piedras hechas fuego, a una temperatura tan elevadísima que producían vapor de agua, nos golpearon el cuerpo con unas ramas de abedul o cedro, tan abundantes por allí; finalizado el baño de vapor, salimos de la sauna y nos zambullimos en la blanca nieve completamente desnudos. Es curioso, después de esa acción no pasé ni un mal catarro y mi cuerpo parecía otro, como si me hubieran renovado la sangre.

Mi siguiente baño no fue de vapor, sino en el Lago Ilmen. Llegaba la primavera y hacía calor. Había desaparecido el frío y la nieve y también el hielo, que llegó a tener un grosor de noventa centímetros en el lago. Se respiraba alegría a pesar de encontrarnos dentro de la continua tormenta que producía la artillería a pocos kilómetros de distancia. Aquellas gentes ya se habían hecho a esa música y no le daban importancia. Estaban más alegres, los campos ya llenos de flores y los viejecitos que habían quedado, acompañados por las mujeres, sembraban sus «kartoshkas» (patatas) y todo cuanto les pudiera ser útil para pasar el siguiente invierno, que en aquellas latitudes se hacía largo.

Durante todo aquel largo invierno, tuvimos a nuestro favor un fiel aliado: el célebre vodka ruso. Gracias a sus calorías pudimos aguantar lo que sin él hubiera sido imposible. Sin ese líquido nadie podría soportar esas bajísimas temperaturas. Recién destilada, la bebida llegaba a alcanzar los 90º de alcohol y nunca menos de 60º. La ración diaria era pequeña, por lo que había que reservarla para los malos momentos, aquellos que había que soportar durante horas enteras sin dejar de pegar tiros por los ataques sucesivos del enemigo, bien en una trinchera o tumbados encima de la nieve, que era aún peor. La cantimplora no la descolgábamos del cinto ni un solo momento, ya que era un útil muy importante para nuestra supervivencia. Nos dijeron que este aguardiente se obtenía del centeno, del maíz o de la patata, tres producciones típicas de la estepa rusa. A pesar de no ser muy bueno, a nosotros nos resolvió la papeleta.

Capítulo V. Hospital de Vilna

Mi estancia en el hospital de Vilna no fue muy larga pero lo pasé bien. Lituanos, polacos, alemanes, rusos y judíos formaban grupos de población diferentes. Cada uno de ellos, sin excepción alguna, odiaba a los cuatro restantes. No sé por qué extraña circunstancia los españoles nos llevábamos bien con todos. Pero las mejores sonrisas eran las de las señoritas que no dudaban en aceptar nuestra compañía, bien para ir al cine o a tomar cerveza en los casinos. Allí en Vilna había soldados de toda Europa, los casinos estaban siempre rebosantes y en las calles de la ciudad pasaba lo mismo.

Excepto por las unidades de guarnición, los demás militares que nos encontrábamos en el hospital éramos heridos y enfermos, muchos por congelaciones y con enfermedades del sistema respiratorio debido a las bajas temperaturas. Todos, o casi todos, procedíamos del sector norte y, para la mayoría, la primera parada era Vilna. Según el estado de gravedad, luego nos enviaban a Riga o Könisgsberg.

Cuando me dieron el alta junto a otros militares, partimos de nuevo hacia el frente. En nuestro recorrido hicimos escala en la ciudad de Kaunas, también de Lituania, y en ella pasamos un día entero. En una de las calles armamos tal alboroto que tuvieron que intervenir las fuerzas alemanas. En principio creyeron que había ocurrido algo grave.

No hubo tal gravedad, solo que había algunos andaluces y les dio por tocar las palmas, bailar y cantar — cosa rara en aquellas tierras —. Y esto fue suficiente para reunir a unos cientos de personas. Los alemanes, muy cabreados por nuestro comportamiento en plena vía pública, nos condujeron a la comandancia militar de España con el propósito de llevarnos detenidos a la estación hasta subirnos a un tren. No fue el baile lo que más les disgustó, sino el que fuéramos de la forma en que íbamos; el que no llevaba un pañuelo al cuello se había quitado la guerrera y toreaba con ella al primero que se le acercaba — todo un espectáculo en plena calle —. Además, acabaron uniéndose otros soldados que iban en la expedición.

En la comandancia, los jefes alemanes soltaron por su boca rayos y centellas. Ante nuestra actitud y no viendo otra salida más airosa, después de comunicar con nuestro cuartel general, nos dejaron marchar por nuestra cuenta. Cogimos un tren esa misma tarde. Esto que habíamos hecho era grave, y más en guerra. Pero, ¿no era más grave volver de nuevo al frente? Un viaje que para muchos no tendría retorno y, por tal motivo, nos importaba poco la actitud que tomaran los mandos de ambas partes, españoles y alemanes, máxime cuando no habíamos hecho otra cosa que divertirnos. Sin más inconveniente seguimos nuestro viaje.

A mi regreso hacia el frente, hice escala en Nóvgorod para que me dijeran en qué puesto de mando se encontraba mi compañía. Esta ciudad era paso obligado para todo el tráfico que subía por la carretera de Leningrado. Estaba en pleno frente y era el punto de partida de las unidades de la División Azul.

Qué pequeño es el mundo; allí precisamente me encontré con el que fuera sargento de mi pelotón en la Legión durante la Guerra Civil Española, convertido en el brigada Seco. Con él y con otro legionario, también de mi escuadra, pasé casi todo el día. Había llegado de madrugada y, a pesar de que ya conocía parte de la ciudad o lo que quedaba de ella, ya que presentaba un paisaje desolador de escombros y ruinas, pude ver algo más, siempre bajo el continuo bombardeo de la artillería rusa.

Nóvgorod era un claro ejemplo de la invernal tierra rusa con sus heladas planicies, sus agrupaciones de casuchas y con el río convertido en llanura. Nóvgorod era para los españoles también humanidad, historia, sufrimiento. Era un ancla en la tierra rusa; una tierra inmóvil, yerta, bajo un cielo gris que gravitaba sobre las ruinas y sobre los humanos. En rededor, las tierras primitivas, esteparias, dolientes, posiblemente no siempre fueron así. Una ciudad viva no podía ser igual a una ciudad muerta, ni un invierno a una primavera.

Para nosotros, un lugar inolvidable. La guerra no había respetado su belleza, todo estaba destruido: la estatua de Lenin derribada de su pedestal, también el monumento al milenario, el puente de hierro sobre el río, el cruce de carreteras, el cementerio y las eternas ruinas, donde yacían muchos hombres muertos. Pero la guerra no acabó con todo. Aún estaban en pie las terrosas murallas del Kremlin y las bizantinas torres con sus bulbos dorados. Las robustas chimeneas eran el bosque ciudadano; los viejos palacios, cerca de las murallas, estaban casi intactos, con sus largos corredores propicios al eco; y la catedral, desolada con sus cúpulas doradas y sus naves destruidas. Nóvgorod, la capital religiosa de todas las Rusias.

La llegamos a llamar la ciudad de los muertos, ya que los había sin enterrar por todas partes. La nieve y el frío los mantenían intactos. Los cruces de carretera estaban batidos a todas horas por la artillería rusa. En su dantesco hospital civil, unas figuras oscilaban entre la locura y la muerte. Nóvgorod, situada en la ruta de las invasiones sobre el viejo camino de Tilsit, en la encrucijada de las razas, en la estepa de la Madrecita

Rusia, la blanda, la que fue sometida antes y después a la tortura. Fue una de las ciudades preferidas de los zares, por su situación geográfica, con su río Vóljov y lago Ilmen, la residencia de verano.

Para los que sobrevivimos, Nóvgorod nos dejó un recuerdo imborrable. Conocí varias ciudades rusas importantes, pero ninguna me dejó una huella tan profunda como Nóvgorod. Allí se quedaron muchos compatriotas para siempre, allí pudimos comprobar lo que es capaz de resistir un ser humano, metidos entre la nieve meses y meses, con unas temperaturas jamás conocidas por nosotros hasta entonces, y para colmo, el fango al llegar el deshielo. Plagas de mosquitos gigantes y una lucha que cada día era más feroz. Esos recuerdos nos durarán toda la vida. Voltaire decía que el verdadero valor consiste en saber sufrir; ese era nuestro caso, nosotros habíamos buscado esa aventura voluntariamente y nos tocaba asumir todas las consecuencias.

En los primeros días del mes de enero de 1942, después de haber descansado algo del inmenso agotamiento que pesaba sobre los supervivientes de la cabeza de puente del Vóljov, y reforzadas las unidades ante el cariz de la situación creada por la rotura del frente en el sector que ocupaban los alemanes, nos trasladaron urgentemente en camiones. Desde ese día hasta mi regreso a España a últimos de junio, nuestras posiciones estuvieron comprendidas entre Podborye, Teremok, Sapolje, Ugolki, Kolowizy y «el Dedo», que fue desde donde me despedí de Rusia para regresar a mi patria.

Si antes era mala nuestra situación por encontrarnos casi siempre cercados, después todo se tornó a un color aún más negro. Los rusos habían recibido grandes refuerzos de hombres y material de toda índole. Ya nos dieron el primer aviso al arrollar las líneas alemanas con siete divisiones bien equipadas; en la liquidación de esas tropas nos tocó intervenir, con lo que se sumaron más bajas a las ya contabilizadas en nuestra división.

Esas fuerzas que rompieron el frente alemán iban al mando del teniente General Vláxov que, al ser cercado a los dos meses, se rindió con los escasos hombres que le quedaban. Fue célebre esa bolsa, ya que en ella se dieron casos de canibalismo entre los soldados rusos. Tenían órdenes de Stalin: antes morir que rendirse al enemigo. Cuando terminó la guerra, este general ruso seguía prisionero de los alemanes en un campo de concentración y, al ser rescatado por las tropas soviéticas, fue mandado degollar por el todopoderoso dictador. Stalin nunca perdonó a los jefes, oficiales y soldados que caían prisioneros en poder del enemigo, a todos los consideraba traidores a la patria.

Ni siquiera se apiadó de uno de sus hijos. Era teniente de artillería y cayó prisionero de los alemanes cuando estos intentaban tomar Moscú, ya que llegaron a los arrabales de la ciudad. Fue llevado a un campo de concentración de prisioneros de guerra, en el que se encontraban otros oficiales ingleses y americanos. Cuando le dieron la noticia de que iba a ser canjeado por prisioneros de alto rango alemanes, desoyendo los consejos de sus compañeros de cautiverio prefirió intentar escapar y que lo mataran los centinelas del campo antes que volver con los suyos.

También lo cuenta el escritor Alexander Solzhenitsyn en su libro: *Archipiélago Gulag*. Él también cayó prisionero de los alemanes; al ser liberado dio con sus huesos en Siberia y, después, en el fatídico archipiélago del que tan difícil era salir con vida. Imaginaos el ímpetu y el coraje con que se lanzaban los rusos a la lucha. En ellos solo había una consigna: o vences o mueres. Los españoles la conocíamos muy bien y por tal motivo teníamos que hacernos fuertes a toda costa.

Desde que llegamos a la nueva posición para reforzar a los alemanes, ya no hubo descanso: era raro el día que no intentaban romper nuestro frente bien por uno u otro sitio. Así transcurrieron los meses de enero y de febrero del nuevo año. Por si esto fuera poco, las temperaturas iban en descenso cada día que pasaba.

La última noche del mes de febrero, nuestros mandos decidieron que debíamos capturar a algún prisionero ruso con vida. Querían interrogarlos para conocer sus fuerzas y saber si tenían previsto algún ataque. Eran los alemanes los que sospechaban algo por los movimientos de tropas en la retaguardia rusa. Y nuestros mandos no dudaron en servirles en bandeja tales prisioneros. Por desgracia me tocó participar en la operación y, además, dos veces en la misma noche.

En nuestro primer intento, nos descubrió el enemigo cuando estábamos a solo veinte metros de sus posiciones; como la nieve no nos permitía correr y saltar sobre ellos, fuimos descubiertos y recibidos con fuego de toda clase de armas. Solo tuvimos tiempo de zambullirnos en la inmensa cantidad de nieve que había. Con nuestros camuflajes blancos era difícil vernos. Así aguantamos mucho tiempo, sin podernos mover, hasta que el teniente Portolés, que mandaba la sección de asalto, nos dio la orden de retirada. Fue fácil para los que estaban distantes de las posiciones enemigas, pero no para un cabo y para mí que, por estar demasiado cerca, nos era imposible movernos, ya que las ráfagas de las armas automáticas no cesaban de pasar por encima de nuestras cabezas. Fue demasiado el tiempo que permanecimos inmóviles. Incluso cuando disminuyó la intensidad de las ráfagas, aguantamos un rato más.

Cuando cesó el tiroteo completamente, le dije al cabo Narro — así se llamaba — que era el momento de salir de allí. No había otra opción; nuestros músculos estaban rígidos debido al intenso frío. Un rato más y tendríamos una muerte segura por congelación. Le dije que nos arrastraríamos poco a poco, primero el uno y después el otro, sin perdernos de vista. No me debió oír bien; intentó levantarse y una ráfaga le hizo quedar con la cabeza metida en la nieve y los pies para arriba. Le habían alcanzado en cuello y cabeza al mismo tiempo. Su muerte fue instantánea.

Me quedé solo y no podía esperar ayuda de nadie, solo intentar salir de allí como fuera. Empecé arrastrándome muy despacito, lo más pegado posible a la nieve, casi sin apenas moverme. Imposible saber el tiempo que duró mi penosa marcha ni la distancia que recorrí, pero no me incorporé hasta escuchar hablar en español. Eran dos camilleros que venían en nuestra búsqueda. Creo que pude resistir esas largas horas por mis «katiuskas». A los camilleros les di la triste noticia de lo ocurrido y les dije que donde se encontraba era imposible rescatarlo. Además, ya estaba muerto y nada se podía hacer por él.

Después de ese fracaso, volvimos a intentarlo esa misma noche, en la madrugada del primero de marzo y con más fuerzas. Esta clase de operaciones se hacían siempre con voluntarios y, en esta segunda ocasión, se presentaron un gran número: el equivalente a una compañía. Si en la anterior tan solo llevábamos metralletas, pistolas y bombas de mano, en esta ocasión íbamos además equipados con fusiles y ametralladoras.

Los rusos nos recibieron con mucho fuego y algún que otro morterazo. Esta vez me acompañaba como proveedor «el Muro de Cuenca», un camarada recién llegado de un hospital de Berlín, donde había permanecido más de seis meses. Una ausencia muy larga de la que no conocíamos explicación. Cuál no sería mi sorpresa al descubrir que cuando más necesitaba las cintas de balas y mientras las reclamaba con urgencia, el otro proveedor me dijo que había huido de miedo. Tuvo suerte de que no lo viera en el momento de escapar. No creo que me conociera muy bien porque no pertenecía a mi pelotón y lo veía de tarde en tarde, y no sé lo que le harían después los jefes ni se lo pregunté nunca pero, si esa noche lo hubiera visto irse,
le habría hecho volver con una sola ráfaga de advertencia junto a sus pies.

El segundo fracaso fue suficiente para que los jefes de la arriesgada operación desistieran de volver a repetir otro intento. Si en la primera intentona hubo un solo muerto, en la segunda hubo más bajas y los alemanes se quedaron sin recibir en bandeja a los prisioneros que les habían sido ofrecidos por nuestros dadivosos mandos.

En todo el mes de marzo no hubo más operaciones de esa envergadura. Nos limitamos a rechazar los continuos ataques del enemigo que iban en aumento cada día. Los rusos, además, recibían gran cantidad de armas, algunas desconocidas por nosotros como los llamados «organillos», más conocidos hoy como lanzacohetes. También sobre nuestras posiciones apareció amenazante la aviación rusa.

LAS BAJAS DE LA DIVISIÓN AZUL

El número de supervivientes divisionarios fue muy alto en relación con el promedio usual en las unidades de la Wehrmacht que lucharon en el frente del Este: de los alrededor de 45.000 soldados que estuvieron en el frente desde julio de 1941 hasta febrero de 1944, unos 4.300 no volvieron. Los sectores donde la División estuvo destinada — el Vóljov, entre octubre de 1941 y agosto de 1942, y el sector sur del cerco de Leningrado, entre agosto de 1942 y octubre de 1943 — fueron relativamente tranquilos. No obstante, hubo momentos en los que las unidades de la División Azul que entraron en combate sufrieron un altísimo número de bajas.

De los supervivientes, un 40% sufrieron heridas de diversa consideración, de las que en numerosos casos arrastraron secuelas de por vida. Muchos de los caídos en combate están enterrados en el cementerio de Nóvgorod y otros siguen enterrados donde cayeron, sobre todo en Krasny Bor, donde el 10 de febrero de 1943 hubo 2.200 bajas en combate

Capítulo VI. El deshielo

En la segunda quincena de marzo, empezó a subir la temperatura y se alargaron los días. La nieve dejó de caer; el invierno tocaba a su fin. El deshielo comenzó el día 4 de abril; un deshielo fulminante que en cuarenta y ocho horas llenó de agua las chabolas, las trincheras y las carracas. El hielo del río se resquebrajaba y partía en pedazos, emitiendo sonidos como los que hacían los carros antitanques cuando disparaban. El sol y el aire caliente derretían los montones de nieve apelmazados formando una masa de hielo y fango, y el río — bajo una capa de hielo cada día más débil — se tornaba gris y opaco debido al fango formado por el agua sucia y la nieve.

Se derretían los parapetos dejando las defensas al descubierto y se derretían las montañas de nieve adosadas a las chabolas, inundándolas completamente de agua. Todo elemento, ya fuera árbol, cuneta, cadáver o ruina, escurría su hielo y su frío buscando la pendiente del río y convirtiendo al Vóljov en espectáculo. Pero las noches traían un retroceso en la temperatura y el Vóljov se soldaba de nuevo. Los charcos y las aguas se helaban otra vez formando una alfombra endurecida y resbaladiza que obligaba a caminar con precaución.

A los pocos días comenzó a llover, a la humedad del suelo se añadió la del aire. En las isbás — casas del pueblo — no se estaba mal, pero en las trincheras, nidos de ametralladoras y caminos, aquello era el disloque. Nada tenía consistencia. El fango lo llenaba todo. El río iba creciendo por días y nuestras ropas, sucias y caladas de agua, mantenían una humedad que por las noches se convertía en hielo. Transitar por los senderos era un tormento. Los vehículos de rueda no servían, pues aparte del fango, había trozos de caminos todavía helados. Tampoco valían los trineos, que se convertían enseguida en una masa imposible de arrastrar.

En primera línea, los efectos del deshielo fueron desastrosos. La mitad de los días, la gente se quedaba sin comer debido a que los suministros llegaban empapados e inservibles. Pronto se hizo evidente que lo mejor era abandonar aquella zona, pero aún quedaba demasiada tierra entre las posiciones. Dedicábamos las jornadas a achicar agua, colocando rodillos para evitar el derrumbamiento de los parapetos y sacándonos de encima el barro de toda la jornada. Nos pasábamos el día maldiciendo por todo lo alto.

Los mosquitos se añadieron a las demás incomodidades, y no nos abandonaron hasta que salimos de aquel infierno. Eran unos mosquitos gigantes como yo no había visto nunca. Durante mi estancia en África, después de la Guerra Civil Española, sufrimos la fastidiosa presencia de mosquitos. Había muchos, y solo unos pocos legionarios se salvaron de sufrir paludismo. A mi me tocó pasar ese trance durante varios días y con fiebres muy altas. Sin embargo, estos eran distintos en tamaño y sus picaduras eran terribles. Llevábamos mosquiteras cubriendo cabeza y cuello; eran incómodas pero sin ellas no sé lo que hubiera sido de nosotros. En las manos llevábamos guantes, pero aun así se sentía alguna que otra picadura.

Cambiábamos más a menudo de posiciones y, según unas u otras, estábamos mejor o peor. Esas inmensas llanuras pobladas de bosques se habían convertido, de la noche a la mañana, en un inmenso barrizal donde les era difícil transitar a los hombres e imposible a los vehículos. Únicamente se operaba en la bolsa; el resto del frente, salvo por alguna escaramuza, estaba un poco más tranquilo. Los rusos también sufrían las incomodidades del deshielo. El Vóljov y el lago se habían transformado en hondos fosos.

En ese mismo mes, por orden del alto mando alemán y a petición de mis jefes superiores, según propuesta presentada por mi capitán, me fue concedida la «Cruz de Hierro de 2A Clase». Esa recompensa fue en honor a mis servicios prestados en la defensa de las casas aisladas de Nitlikino y por otras funciones de menor importancia a lo largo del duro invierno.

En las dos guerras en las que participé, me fueron impuestas varias condecoraciones por méritos obtenidos en campaña, pero tan solo una de las medallas o cruces me fue concedida en pleno frente, y precisamente fue esta: la Cruz de Hierro.

Ver formados soldados alemanes y españoles con sus superiores al frente, la mayoría salidos de los puestos de servicios, otros de los refugios, pero todos sucios y demacrados con barbas de varios días, tal como yo me encontraba en aquellos momentos, no se olvida nunca. Momentos antes de celebrarse esta ceremonia me pasaron aviso al puesto donde tenía instalado mi fusil ametrallador y fui relevado por otro centinela. Mientras se celebraba el acto de imposición, las balas enemigas no cesaban de pasar por encima de nuestras cabezas. No podían alcanzarnos porque nos protegían los parapetos.

LA CRUZ DE HIERRO

La Cruz de Hierro es la cruz negra, símbolo de los Caballeros Teutones: una orden medieval de carácter militar y católica fundada en 1190 durante la Tercera Cruzada tras la toma de Jerusalén por Saladino.

El diseño de la Cruz de Hierro ha sido el símbolo de las fuerzas armadas de Alemania desde que se entregó por primera vez en 1813 a militares que combatieron contra las tropas de Napoleón I hasta la actualidad. Adolf Hitler otorgó la condecoración en tres series principales, con una categoría intermedia: La Cruz de Caballero, la Cruz de Hierro, y la más alta, la Gran Cruz.

El acto de la condecoración fue en primera línea y con la presencia de jefes, oficiales y tropas libres de servicio de ambos ejércitos, alemán y español. Nunca olvidaré aquel momento y la emoción que me produjeron las palabras de los jefes. Para mí supuso una gran satisfacción y un gran honor, pero a partir de ese día, mi situación quedó más comprometida que la que había tenido anteriormente: el llevar la cruz prendida en el pecho a todas horas era enormemente arriesgado. Si nunca había evitado el riesgo en el combate por mi manera de ser, ahora estaba obligado, ante mis compañeros, a salir siempre voluntario para operaciones especiales. Esas eran las ventajas que me traía tal condecoración.

Allí se decía que cuando a un soldado le daban la Cruz de Hierro no tardaban en ponerle la cruz de palo. Además, el castigo que me infligirían los rusos si caía prisionero sería terrible. Y en la división, los mismos compañeros que me mostraban admiración, por detrás me criticaban. Aunque estuvieran deseando tenerme a su lado en los momentos críticos, no soportaban que los mandos me hubieran reconocido como militar superior tras conseguir dicha recompensa. Verdaderamente, todos fuimos merecedores de esa clase de reconocimientos solo por el hecho de soportar aquellas bajísimas temperaturas y vivir como esquimales durantes meses.

Con este episodio terminó el mes de abril. Nuestras posiciones seguían siendo castigadas día y noche, sin descanso. Los rusos continuaban recibiendo material moderno y en grandes cantidades, por tal motivo su euforia era mayor y no cesaban de molestarnos a todas horas, muy especialmente con la artillería y los morteros, a lo que pronto se sumaron los organillos.

De mayo a junio de 1942, nos turnamos entre las posiciones de Sapolje y «el Dedo». Esta última fue un regalito; precisamente de ella salí licenciado para España. Aquello era vivir como en un embudo, con el enemigo por todas partes menos en la entrada de la posición. No podíamos entrar o salir durante el día, a pesar de lo largos que ya eran en aquellas fechas. Todos los proyectiles del enemigo, artillería, morteros y balas, hacían su recorrido por la posición. Éramos los más castigados de todo aquel sector. Ese fue uno de los últimos recuerdos que me llevé de la Segunda Guerra Mundial.

Antes de salir de allí aún protagonicé un acto que me pudo costar la vida. En aquellas fechas recibí una carta de Serradilla, de casa de tío Zacarías Lindo, donde me decían que un sobrino suyo, que a la vez era amigo mío, Juan Antonio, de apodo «Galo», se encontraba en Rusia, en la División Azul, Batallón 250, llamado «La Bernarda». En su carta me preguntaban si podía ir a verlo. Se encontraba muy cerca de nosotros, a uno o dos kilómetros de distancia de nuestras posiciones. Yo conocía aquel terreno muy bien. Lo malo es que esa distancia estaba poblada de bosques, y suponía un grave peligro cruzarlos por los muchos partisanos que se encontraban infiltrados para sabotear los convoyes de suministros que se dirigían a la primera línea.

Desde el primer momento, mi capitán se opuso a darme el permiso para realizar tal viaje. No veía motivos convincentes para exponer mi vida por el solo hecho de visitar a un paisano o amigo. Si, como decía él, en un año había salvado mi vida de mil peligros, por qué exponerla ahora tan tontamente. Llevaba mucha razón, pero yo seguí insistiendo ante sus negativas y, al fin, con la ayuda del que era mi jefe de sección, el teniente Ferrer, al que también tuve que rogar mucho, pude convencerle y obtuve la autorización.

Además del peligro del bosque y los partisanos, tenía el inconveniente de que de nuestra posición no se podía salir ni entrar durante el día, sino que había que hacerlo siempre de noche y con gran peligro, ya que el enemigo no perdía de vista aquel flanco y sus ametralladoras no cesaban de castigarlo a todas horas. Cuando conseguí salir de la posición, llevaba en mi poder una metralleta, mi pistola y algunas bombas de mano. Todas estas armas no me hubieran servido de nada de haber sido visto por los partisanos; me hubieran matado sin yo enterarme, como a un conejo. Su sistema consistía en matar sin que los vieran, nunca presentaban batalla; incluso cuando asaltaban los carros del suministro de víveres, siempre lo hacían por sorpresa. Los partisanos también se dedicaban a cortar las líneas de comunicación y volaban los puentes. Siempre hacían acciones de sabotaje y vigilancia.

En la estepa rusa, otra vez me protegió la Divina Providencia y la suerte estuvo a mi favor en el deseado viaje. Di un poquito de vuelta para pasar por nuestras cocinas y, si me era posible, llevar alguna bebida, ya que no sabía cómo mi amigo se encontraba en ese aspecto. Mis cocineros me dieron una botella de coñac, pero no gratis, sino a cambio de mi mosquitero. No me costó trabajo deshacerme de él, pues en lo sucesivo no me iba a hacer falta. Además, era la única opción, ya que los cocineros no me vendían la botella por dinero, solo querían aquella máscara. Parecía que estábamos todos de carnaval con aquello puesto, tal era el pánico que había a los mosquitos; incluso podíamos morir a causa de las picaduras, por eso, tener un mosquitero llegó a ser tan necesario como fue meses atrás el vodka.

Juan Antonio me recibió con gran alegría, sobretodo por haberme atrevido a hacer ese recorrido solo. Mi pequeña aportación fue muy bien recibida aunque no necesaria: mi amigo era el sargento de cocina de su compañía y pude comprobar que tenía bastante comida y bebida. Pasé un gran día con él y con otros compañeros que me presentó. A mi regreso por la noche, hice el viaje sin enterarme, durmiendo la borrachera en un carro de suministro de las cocinas, sano y salvo, y con la gran alegría de llevarles a todos sus familiares un abrazo de su parte y decirles que se encontraba bien.

A los dos días de visitar a mi amigo, salí definitivamente de aquel infierno, con alegría pero al mismo tiempo con nostalgia, ya que dejaba allí amigos inolvidables entre jefes, oficiales, suboficiales y tropa, siempre pensando que a muchos no les volvería a ver en el resto de mi vida. Marché a un pueblo muy cercano, donde debíamos concentrarnos los licenciados para formar el batallón de marcha, que sería relevado por otro nuevo venido de España para ocupar nuestro puesto en las trincheras.

De allí no podía salir un solo soldado sin haber sido relevado por otro. Para ir al frente, todo eran facilidades, pero para salir surgían muchos obstáculos, a veces desagradables, y había que aguantarlos. La expedición en que me tocó salir para España era la cuarta. Por orden habían salido los casados, los menores de edad, los que tenían padres muy mayores, los que habían perdido algún hermano o tenían a más de uno en el frente y, finalmente, nosotros: los mayores de edad en años. Así se hacía en todas las unidades de la división.

La fecha de salida del frente no la recuerdo exactamente, pero sé que fue en la primera quincena del mes de julio de 1942. Nuestro recorrido en tren se hizo inmensamente largo, con paradas interminables, siempre viajando de noche. Las paradas se hacían en vías muertas que estuvieran lo más retiradas posible de las estaciones o ciudades. También había que dar paso a los convoyes que se dirigían al frente, fueran de tropas o material. Por si todo esto fuera poco, el viaje lo hicimos en un tren de mercancías, de ganado, sin comodidad alguna. Dormíamos en el rellano, sobre unas mantas, y siempre pendientes de los bombardeos de la aviación enemiga.

Por fin llegamos a Grafenwörh, ciudad bonita de calles muy amplias y limpias. Primero nos tocó estar en la sección norte del campamento y, después, pasamos a la sur, a unos treinta kilómetros de distancia. En el campamento de Grafenwörh permanecimos el tiempo justo para dejar el uniforme alemán y demás pertenencias, y recoger nuestro uniforme caqui dejado allí un año antes. Los cuarteles del campamento se componían de infinidad de pabellones de tres plantas, cada uno de ellos repartido por una extensa zona de bosques y conectados por una red de carreteras fabulosas, con unas instalaciones para la tropa inmejorables. Cada pelotón, que se componía de un sargento, dos cabos y siete soldados, vivía independiente de los demás. Cerca había infinidad de pueblos y ciudades importantes que podíamos visitar, y tampoco faltaban las cantinas. Aquello era maravilloso.

Grafenwörh era una ciudad de soldados en la que los cuarteles, diseminados entre inmensas arboledas, parecían casas de muñecas. Casi nos parecía una jauja militar, con sus cines gratis funcionando a todas horas, con sus tabernas y aquellas gentiles cantineras prodigando jarras de cerveza a cambio de unos *pfennigs*, y con sus varietés completamente gratis y en sesión continua. Posteriormente, Grafenwörh se convirtió en el cuartel avanzado de las tropas americanas de ocupación en Europa. Seguramente, cuando los soldados americanos cruzaran el puente de madera que separaba la ciudad del campamento, más de una *fräulein* recordaría con nostalgia la alegría que llevamos durante meses a aquel lugar de Europa los voluntarios españoles de la División Azul.

Dentro de tanta comodidad y con muchas horas libres de servicio pudimos ver pueblos y ciudades bonitas en nuestro entorno. La que más me gustó fue Núremberg. Moderna, inundada de parques y jardines por doquier. En las piscinas de sus parques, muchos vimos por primera vez los bikinis que tan de moda se pusieron después. La organización era fabulosa en todos los aspectos; todo estaba cronometrado, todo funcionaba a la perfección, lo mismo en el ejército que en la población civil. La comida era igual para el soldado o el general, nadie se atrevía a manipular nada para lucrarse.

Volviendo a recordar el viaje de vuelta, salimos en tren desde Grigorowo haciendo un recorrido distinto al de la ida, siempre hacia el sur. Pasamos por Breslavia y, ya en Checoslovaquia, Pilsen. Luego Núremberg, Fráncfort y Maguncia en Alemania, y Lieja, Namur y Dinant en Bélgica. En Francia entramos por San Quintín para seguir por París y Orleans. Hasta llegar a la frontera española tardamos, en total, ni más ni menos que trece días porque desde Alemania el tren fue de primera, un rápido de postín.

Al pisar de nuevo nuestra patria sentimos alegría pero, al mismo tiempo, una inmensa tristeza por haber dejado allí para siempre a infinidad de buenos e inolvidables amigos, todos en lo mejor de la vida. Ellos fueron a Rusia con la misma ilusión que los que tuvimos la suerte de salir con vida y volver. Precisamente de ahí venía nuestra tristeza. En Valladolid terminó nuestro recorrido oficial y fuimos agasajados por la Capitanía General de la región y por el Excmo. Ayuntamiento. Fueron tres días inolvidables para el 4 Batallón de marcha, que era el nuestro, y ahí se dio por terminada nuestra aventura.

Im Namen des Führers
und Obersten Befehlshabers
der Wehrmacht

verleihe ich

dem

Soldaten Teodore Recuero Perez

Inf. - Regt 263

das

Eiserne Kreuz 2. Klasse

K.H.Qu., den 8. April 1942

Generalleutnant
und Kom. General des XXXVIII. A.K.
M.d.F.b.

(Dienstgrad und Dienststellung)

Concesión de la Cruz de Hierro
Ocho de abril de 1942

Nuestras mentiras revelan tanto sobre nosotros
como nuestras verdades.
John Maxwell Coetzee

VERANO Y ADIÓS
Año de 1942

Esta tercera etapa de mi vida comenzó con mi regreso de Rusia en el verano de 1942. Mi primera parada en España fue Parla, donde me esperaba el abuelo Juanito junto a su hija y su nieta: mi familia. Les había hecho un poder para que administrasen todos mis ingresos y los gastaran si lo creían necesario, tanto mi sueldo como la paga que enviaba el gobierno alemán. Pero quiso Dios que yo volviera y también quiso que ellos tuvieran la honradez de no gastarse ni un solo céntimo de cuanto habían recibido. Después de estar con ellos una semana, emprendí el viaje para reincorporarme a mi puesto de trabajo en Cuenca.

Allí fui bien recibido por todos, tanto por mi jefe como por la dueña de la pensión en la que vivía. Pero pronto marché para Serradilla, pues faltaba muy poco para las fiestas de mi pueblo y esos San Agustines no me los quería perder — desde el año treinta y cinco no había ido a ninguno —.

Cuando llegué, me esperaban en casa de tío Zacarías Lindo, donde me alojé en lo sucesivo tantas veces como fui a Serradilla. Mi llegada fue conocida por todo el pueblo, ya que fui el primero en regresar con vida de Rusia. En el frente ruso había varios paisanos y los familiares de los mismos no tardaron en acudir a verme por si les había visto o sabía de ellos. A los que di una gran alegría fue a la familia de Juan Antonio «Galo». Les conté que, antes de salir del frente, había ido a verle para comprobar que se encontraba bien y que habíamos pasado juntos un día. Otra cosa no podía decirles, allí estar bien o mal era cosa de segundos. La guerra es así.

Esas vacaciones volaron como el viento; los bailes, los guisados y las juergas eran el plato de cada día. Volvía a estar en boca de todo el mundo, con la diferencia de que la gente me adulaba en lugar de compadecerme. No era una celebridad por mi aventura europea, sino porque me pasaba los días convidando a todo el que se acercaba a mi lado. Me pasaba igual que a los toreros, siempre iba bien acompañado. Qué de vueltas da la vida y dan las personas por el dichoso dinero. Algunos criticaban que fuera un manirroto mientras yo gozaba invitando a todo el mundo con el dinero que tanto sudor y lágrimas me había costado conseguir. En la vida debemos tener tiempo para todo, no solo para sufrir, también para divertirnos. Yo había cubierto mi sufrimiento con creces. Hay gente que prefiere vivir pobre con tal de morir rico, por suerte, no soy de esos.

Otros veranos también quise disfrutar de mis permisos en Serradilla y no perderme las fiestas, especialmente el año en que tenía ofrecida una misa y sermón al Santísimo Cristo de la Victoria en acción de gracias. La misa fue emocionante y el señor cura no escatimó en elogios hacia mi persona. Me conocía muy bien, ya que había sido monaguillo algún tiempo y, en más de una ocasión, otro compañero y yo dimos algún toquecito a la botella del vino de consagrar. En ese viaje me acompañó el abuelo Juanito, pues tenía interés en estar a mi lado cuando se celebrara el acto religioso. Luego ofrecí un refrigerio para los familiares y amigos al que asistió Juan Antonio «Galo», recién licenciado.

A Juan Antonio le hicieron un mejor recibimiento que a mí a su vuelta del frente: el Ayuntamiento en pleno, con banda de música incluso, salió a recibirlo, con el alcalde al frente de la comitiva. Nada de esto sucedió en mi caso; la diferencia entre los dos era que él era rico. Los comentarios debieron de ser muchos y acabaron pidiéndome disculpas. Los dos fuimos a defender la misma causa, los dos éramos hijos del pueblo y yo fui el primero en regresar, por tal motivo tenía el mismo derecho a esos honores.

Al terminar las vacaciones, los viajes de vuelta presentaban un peligro, pues las sierras estaban, en los primeros años de la postguerra, pobladas de maquis: hombres que habían abandonado sus casas al estallar la Guerra Civil Española por miedo a las represalias de los vencedores. Estas personas robaban para sobrevivir, e incluso mataban si llegaba el caso. En una ocasión, para que yo no corriera peligro me acompañaron tío Antonio, el marido de mi tía Paulina, y tío Mele. Hacía poco que el matrimonio había salido de la cárcel, donde habían pasado cuatro largos años por el único delito de ser socialistas y haber hablado, alguna vez, alguna tontería sobre política con una copita. Sentí mucho no poder hacer nada para sacarlos de su encierro y evitar que les robaran sus bienes y medio de vida, pues les seguía queriendo y no les guardaba rencor alguno por el tiempo en que había vivido en su casa. Imposible olvidar que se ofrecieran a acompañarme: personas que en aquel momento estaban en el bando opuesto al mío obviaron la política con tal de protegerme.

En otro viaje de regreso, el abuelo Juanito, viejo pícaro, me habló de una chiquilla que le gustaba para mí: Angustias. Servía las mesas en la pensión en la que me alojaba; era la hija de la dueña. A decir verdad, hasta que el abuelo me habló de aquella chica, yo no había puesto la menor atención. Pero ese invierno, las palabras del abuelo me empezaron a dar vueltas en la cabeza y, en los bailes que organizaba con los amigos, procuraba que ella no faltara. Me había enamorado de ella aunque era arisca y algo engreída; en los bailes nunca repetía más de una pieza seguida conmigo.

La mayoría de los huéspedes de la pensión éramos jóvenes y raro era el día en que no llegaba alguno un poco alegre, y nos amenizaba la cena con sus dichos y bromas, también a nuestra camarera. Pero el día que se presentaba alegre Recuero, como todos me llamaban, no había alegría por su parte y los platos los servía con una rapidez increíble; también su cara bonita se alargaba y se transformaba, no pareciendo la misma. Nuestras relaciones comenzaron el día en que otra pareja de amigos preparó un encuentro. Esa tarde, nuestra emoción nos dejó mudos; yo no acerté a decir dos palabras y las que dije fueron para hablar del tiempo. Pronto las amigas y amigos se enteraron de que iba en serio y para todos fue una gran alegría.

Nuestro noviazgo marchó bien, nos queríamos y nos sentíamos felices. Congeniábamos en todo menos en una cosa que fue la debilidad más grande que tuve durante muchos años: mi gusto por la juerga y el mosto.

Cuando en 1945 terminó la Segunda Guerra Mundial, la BBC y otras emisoras extranjeras empezaron a tratar a los voluntarios de la División Azul como a criminales de guerra. Esto me generó problemas de confianza con Angustias y su familia, por lo que insistí en que nos casáramos cuanto antes. También me entraron las prisas porque Angustias quería sacar unas oposiciones de la Telefónica. Por suerte, la suspendieron. Yo había pedido al Santísimo Cristo de la Victoria de Serradilla, del que siempre fui gran devoto, que no sacara esa plaza y mis súplicas fueron escuchadas como lo fueron en todos los momentos difíciles de mi vida. Temía perderla si sacaba la plaza, ya que hubiera tenido que ir a Madrid en periodo de prácticas y sabe Dios lo que habría podido pasar estando allí.

En relación con mi boda, sucedieron dos hechos algo desagradables para mí. El primero ocurrió en la víspera, en el momento de confesarme. El simpático sacerdote me preguntó por el tiempo que hacía que no me confesaba; mi respuesta fue sincera y le dije que la última vez había sido en la Basílica del Pilar de Zaragoza, antes de salir para el frente ruso en la División Azul. Supongo que el jovencito vestido de cura comulgaba con otros sentimientos y esto lo soliviantó, pues me dijo que por ese solo hecho podía anular mi boda. A partir de aquel instante mi cólera subió noventa grados y, sin tener en cuenta que lo que había dicho era una sandez, le solté que si no hubiera sido por desgraciados como yo, en esos momentos ya no quedaría un cura vivo en España. Lo segundo ocurrió la tarde del día en que nos casamos. Después de la ceremonia, el Sr. Obispo mandó suspender el baile porque la música molestaba a los feligreses de la Iglesia de San Antón, próxima al local de la fiesta. Se saltó el permiso que nos había concedido el Sr. Gobernador Civil para celebrar el baile.

El año de 1947 fue el más feliz de mi vida porque el día 18 de mayo nació mi única hija. La familia lloró de alegría al ver a aquella preciosa que llamamos Maribel. Como a los pocos días de nacer enfermó de tosferina y el médico nos aconsejó un cambio de clima, decidimos pasar bastante tiempo en Serradilla, donde pronto le desapareció la tos que la ahogaba. En casa de tío Zacarías todos estaban entusiasmados con ella, lo mismo el padre que los hijos, por lo que no fue un obstáculo para que nosotros siguiéramos saliendo a divertirnos a todas horas.

Poco después, pedí la baja voluntaria en mi empresa y marché a Madrid a trabajar en la Empresa Municipal de Transportes, donde pronto conseguí un puesto en la plantilla de cobradores. Desde el primer momento me gustó aquello, a pesar de lo latoso que era subir y bajar tantas veces en los autobuses de dos plantas durante las ocho horas que duraba la jornada de trabajo. De esa manera pude conocer Madrid entero en poco tiempo y tratar a infinidad de personas de todas las clases sociales. Aquel Madrid de los años cincuenta estaba empezando a recibir un inmenso río de gentes venidas de todas las provincias españolas. Era el principio de la gran migración, que a lo largo de los años iría a más.

Si en lo que respecta al trabajo las cosas me fueron bien, con la vivienda no ocurrió lo mismo. Alquilamos una habitación con derecho a cocina, donde vivimos casi ocho años tratando de superar la incomodidad de convivir dos familias en un piso pequeño. En un principio, creímos que aquella forma de vivir duraría poco tiempo, ya que pensamos que mi condición de excombatiente de la Guerra Civil Española y divisionario me daría posibilidades para adquirir pronto una vivienda. Por desgracia no fue así. Durante siete largos años moví Roma con Santiago pero lo único que recibí fueron la mar de promesas y el consabido «ya miraremos a ver que se puede hacer sobre tu problema» ¡Qué injusticia más grande! Esta experiencia fue el vaso que colmó mi ceguera patriótica; dejé de creer en eso que decían una y otra vez de que nunca olvidarían nuestro sacrificio.

A pesar de todas las recomendaciones de los altos funcionarios y militares que con buenas palabras se comprometieron a ayudarme, no pude conseguir nada. No tenía el dinero necesario para sobornar a los funcionarios sin escrúpulos que se encargaban de la distribución de las viviendas sociales. Pero un buen día, la suerte se cruzó en mi camino cuando me topé, por casualidad, con una persona muy querida para mí y que aún no había olvidado mi sacrificio: un comandante del Estado Mayor que había sido capitán de mi compañía en la División Azul. No había vuelto a saber de él desde que salí del frente y, ese día, cuando prestaba servicio de cobrador en un autobús de la línea cinco, que iba de Sol a Raimundo Fernández Villaverde, tuve la suerte de encontrármelo: «Mi comandante, ¿quiere usted billete de ida y vuelta?» le dije al verlo. Él me miró y sin protocolo alguno me abrazó.

Los viajeros se quedaron pendientes de aquella emocionante escena. Como él ya estaba llegando a su destino — el Ministerio del Ejército —, pudimos hablar poco, pero quedamos citados para esa misma tarde en una cafetería. Allí le hablé de mi vida, de mi familia, de mi peregrinar de varios años para conseguir una vivienda, y le describí cómo vivía realquilado en pésimas condiciones. Esa tarde me prometió que no descansaría hasta conseguirme un lugar propio donde vivir. También me proporcionó un nuevo trabajo para las horas libres.

Gracias a su eficacia y sobre todo a su gran interés, me fue concedida una casa. Cuando en el Ministerio de la Vivienda preguntó por el estado de mi solicitud, le contestaron que había sesenta mil solicitudes. La respuesta de mi amigo fue meridiana: «yo no te pregunto las quc hay, yo lo que quiero es que saques ahora mismo la de Teodoro Recuero Pérez, que para eso me he molestado en venir a verte, y le pongas la firma y visto bueno» Eso fue todo.

Antes de abandonar el domicilio anterior, para aumentar mis ingresos había puesto en marcha un servicio de reparación de calzado, aunque con mucha dificultad, ya que vivíamos en una única habitación. Mi esposa e hija desconocían esta faceta de mi vida y, en los primeros momentos, creyeron que se trataba de una broma, máxime cuando nuestros zapatos siempre habían ido al zapatero para su arreglo. No tardé en tener una buena clientela; la mayoría usuarios que viajaban en mi autobús. Al final del recorrido de la línea donde yo prestaba servicio fijo, los clientes me dejaban los encargos en un bar.

Ya en mi nueva casa, donde tenía más amplitud, el trabajo fue aumentando día a día. A mis clientes les gustaban los arreglos que les hacía y las ventajas que tenían conmigo, tanto en la calidad del servicio como en el ajustado precio que cobraba. Lo que es la vida; la intuición que tuviera mi madre muchos años antes — quería que fuera zapatero — fue un acierto. Al final pude desarrollar el oficio con autoaprendizaje y mucho tesón. Pero mis ilusiones no duraron muchos años, y otra vez volvió a martillear sobre mí el sufrimiento. Ahora no era la guerra, ni el hambre, ni las vicisitudes de mi infancia. Ahora era una enfermedad que me apareció de repente y que me convirtió en un inválido: mis manos se curvaron y tuve que dejar el oficio de zapatero. Los médicos me dijeron que la posible causa de mi enfermedad estaba en el frío que había pasado en Rusia.

HASTA NÓVGOROD
Crónica de un viaje

ÍNDICE